U0735210

How to Close a Deal Like

Warren Buffett

〔美〕汤姆·瑟西（Tom Searcy）亨利·德弗里斯（Henry Devries）◎著

梁超群　张城艺◎译

像巴菲特那样交易

全球最伟大交易者的教诲

中国电力出版社
CHINA ELECTRIC POWER PRESS

图书在版编目（CIP）数据

像巴菲特那样交易：全球最伟大交易者的教诲 /(美) 瑟西 (Searcy,T.)，（美）德弗里斯（DeVries,H.）著；梁超群，张城艺译 .—北京：中国电力出版社，2014.1

书名原文 : How to close a deal like warren Buffett:Lessons from the world' s greatest dealmaker

ISBN 978-7-5123-5430-2

Ⅰ . ①像… Ⅱ . ①瑟… ②德…③梁…④张… Ⅲ . ①巴菲特, W. －投资－经验 Ⅳ . ① F837.124.8

中国版本图书馆 CIP 数据核字（2014）第 002752 号

中国电力出版社出版、发行

北京市东城区北京站西街19号 100005 http://www.cepp.sgcc.com.cn

责任编辑：李耀东

责任校对：常燕昆 责任印制：邹树群

北京博图彩色印刷有限公司印刷 • 各地新华书店经售

2014年5月第1版 • 2014年5月北京第1次印刷

880mm×1230mm 32开本 • 8. 5印张 • 200千字

定价：39. 80元

谨以本书敬献给我们的

灵感之源——

沃伦·巴菲特与查利·芒格

对他们

以及对伯克希尔·哈撒韦公司

及其管理者的研究，

已成为我们的人生乐趣，

也是人世对我们的馈赠。

奥马哈机场上有一帧巨幅照片，是内布拉斯加大学学生沃伦·巴菲特所在班级的毕业合影，照片下面有沃伦·巴菲特的名言：“投资你自己！”在你真正进入交易这门结合了科学与艺术的大学问的殿堂之后，你就能体会巴菲特这句箴言的价值。“投资你自己”不是一种选择，而是一种必需，就像投资于本书一样。掌握沃伦·巴菲特成功交易背后的智慧，将会帮助你成功达成自己的交易。

——杰弗里·吉托默，《销售红宝书》作者

汤姆·瑟西与亨利·德弗里斯揭示了沃伦·巴菲特达成一笔又一笔全球最大交易的成功经验。他们将教会你达成自己的第一笔百万美元级交易所需的种种技巧。

——丹·沃尔德施密特，《交谈艺术中的睿智与锐利》作者

汤姆·瑟西与亨利·德弗里斯对巴菲特的智慧进行了一次梳理，形成了这本可读性很强的专著，你将在未来的交易中一次次地打开这本书。对成长中的交易达人而言，本书必读。

——肯·布兰佳，《一分钟经理人》与《更高层面的领导》作者之一

几乎每一名交易者，无论是一线销售，还是运筹帷幄的CEO，都能在本书中找到令他们两眼放光的东西。在所有关于交

易“科学”和大客户销售战略的图书中，本书毫无疑问是最重要的。

——马歇尔·戈德史密斯，撰写或编写过32本作品的百万级畅销书作者，其中包括雄踞《纽约时报》畅销书榜单的《魔咒时刻》与《一招鲜不能吃遍天》（中译本译为《管理中的魔鬼细节：突破阻碍你成功的20+1个致命习惯》）

阅读这本充满神思与洞见的著作，掌握沃伦·巴菲特的交易达成战略，学以致用，将赢得自己的第一笔大合同。

——吉尔·康耐斯，《速售：“忙人”客户必杀技》与《针对大公司的销售》作者

汤姆·瑟西与亨利·德弗里斯精准地解剖了从“劝导”到“决策”再到“大交易”的生命链条。本书有戴尔·卡内基的力量与气场，但它特别针对的是商业世界。

——托马斯·巴尼特，《士绅》杂志撰稿编辑，《列强：布什之后的美国与世界》作者

沃伦·巴菲特是我们这个时代的英雄。本书是我们读到的第一本真正清晰解读他的思维特征，阐述如何将其智慧应用于现实交易的专著。

——尼尔·森图里亚与巴巴拉·布赖，连锁企业家，《圣地亚哥联合论坛报》企业家专栏作者

致谢

首先感谢CBS电视台的《财金观察》节目组，他们盛情邀请本书作者之一汤姆•瑟西担任节目的在线专栏作家，从而激发了本书——《像巴菲特那样交易——全球最伟大交易者的教诲》——最初的创作灵感。其次感谢麦格劳希尔出版公司的唐亚•迪克森，她不厌其烦地鼓励我们将全球最伟大交易者的教诲带给读者。还要感谢我们的作家朋友罗宾•瑞安与丹•贾纳尔，在本书的计划阶段，两人不吝赐教，为我们提供了许多宝贵意见。特别感谢我们的研究团队，尤其是卡拉•德弗里斯与唐•赛弗仁斯，两人在协助我们搜集信息方面很是得力。让我们感激的还有伯克希尔•哈撒韦（以下简称伯克希尔）公司的多位管理者，他们认真地阅读本书初稿，核对相关事实，一丝不苟。当然，最大的感谢送给我们在“捕猎大交易”的工作团队，特别是我们的总裁卡拉杰恩•摩尔和我们团队骨干成员杰西•凯利。本书不但追求理论探索，更强调实践应用，因此我们在“捕猎大交易”咨询公司操作的很多实际案例有不少收入了本书，为此要向我们的咨询客户致意，谢谢他们的允准，我们的合作成为本书阐述巴菲特思想的活案例。作者汤姆•瑟西要特地感谢一下他的妻子詹，亨利•德弗里斯要特地感谢他的妻子薇吉。在本书的研究与撰写阶段，两位作者牺牲了许多本该属于家庭的夜晚和周末，而她俩一直对此体谅有加。

序 言

你不是沃伦·巴菲特，但你可以像他那样交易

伯克希尔公司（股票代码 BRK）每年在内布拉斯加州奥马哈市召开的股东大会，一直是全球性的大事，它之于全球投资者的意义，就像代托纳赛道之于纳斯卡赛车的车迷朋友一样。它是一个盛况，一个节日，一个传统，一个事件。对于它的忠实粉丝来说，它总是那么刺激，又是那么熟悉。

在本书撰写之时，伯克希尔公司 A 股股票市值为每股 120 000 美元以上，B股每股为80美元左右。不管手中持有的是 A 股还是 B 股，只要有一股，你就等于握有参加其年度股东大会的门票。买入其股票，花上一定的时间与精力，参加伯克希尔公司的年度股东大会，绝对物超所值，因为它相当于一次一流的商界文化知识的强化培训。

作为本书准备阶段研究工作的一部分，我们两位作者，亨利·德弗里斯和我前往奥马哈参加了 2012 年度的伯克希尔公司股东大会，有幸会见各路英豪，包括冰雪皇后公司的首席执行官、宝厨公司的创始人、《世界之书》百科全书公司的首席执行官、伯灵顿北方圣特菲铁路公司的多位高级管理人员，以及很多家公司的领导。所有这些公司都是伯克希尔公司旗下的控股企业。

通过对这些企业的首席执行官和高级管理人员的约谈与观察，我们加深了对他们的了解，同时发现，他们与我们长期以来所交往的成功企业——不管规模大小——的领导者有一个相同的品格，那就是——你也许想不到——“热爱”。

（1）他们热爱自己的客户。好莱坞电影中的商界领袖常常像穿西装的稻草人，而且粗鲁无礼，自大傲慢。但我在伯克希尔公司股东大会上见到的这些企业精英与好莱坞的定型化商人形象完全不同，他们精力充沛、平易、热情、友好。他们带着真诚之心"发展"自己的客户与投资者，服务意识绝非虚言欺人。巴菲特就喜欢对他的股东直言相告：伯克希尔公司旗下各公司的所有经理人都身价不菲，完全可以随时辞职走人，做个享清福的富家翁，他们之所以留下，绝非为了钱。

（2）他们热爱自己销售的产品与服务。我有幸与宝厨公司的创始人进行过短暂交流。她带着我边走边谈，在其三款半价出售的小东西（每个 5 美元）前停下脚步，如数家珍地向我介绍这些商品。想象一下，一个价值十亿美元的 CEO 此时就像我家的一个客人，向我这个主人得意扬扬地展示她带来的一件小礼物——一个无滴漏葡萄酒瓶塞。冰雪皇后的 CEO 曾笑容满面地给我递上一个帝利冰糕，并告诉我说："这么多年了，我仍然爱它们，因为它们就是冰雪王国中的第一美味。"尽管他们已经从这些产品上赚得盆满钵满，尽管这些产品已经全球驰名，但岁月并没有磨蚀他们对自己产品或服务初恋般的感觉。每逢一个潜在客户，他们都会急不可耐地要展示自己的这些产品或服务。

（3）他们热爱自己手中的事。看着这些人"练摊"，与自己的股东或客户交流，或与自己的员工聊天，你都有一种感觉，仿佛自己置身于一次国际大学生组织——"与人民一起"的大型集会。对他们来说，在一线接待客户绝不意味着自贬身份，更不是一种工作负担。他们热爱自己所干的事，对自己所做的任何事情，其态度都会带来异乎常人的正能量。

（4）他们热爱他们的员工。这些商界人杰与自己的一线员工并肩作战，“出巡”时从不前呼后拥。要不是他们佩戴的胸牌与其他人颜色不同，你很难将这些高管与普通员工区分开来。他们从不刻意与员工保持身体距离，总是不忘记以各种段子娱乐自己的下属，指导他们如何“亲和”客户，“亲近”潜在客户，并且身体力行。一番观察后，你不得不确信，他们真正热爱自己的员工。

没有人相信，之所以表现出如此相似的卓越素质，仅仅因为他们碰巧都有这些天赋品格。这绝不是巧合，而是有一个人特意地将这些模范经理人聚集到了一起，这个人就是沃伦•巴菲特。

沃伦•巴菲特究竟有什么神的

本书关注的不是“投资奇才沃伦•巴菲特”，不会满足于列举一连串证明其成功的数字。这种书很多人都写过了。本书讲述的是“交易大师沃伦•巴菲特”，“交易达人沃伦•巴菲特”，是一本真诚的“交易学教科书”，它的读者是5000多万在美国以“谈判并达成交易”为自己的“营生”和事业的未来交易达人。

如果说在某些领域，巴菲特是个有争议的人物，但在达成交易的卓越能力方面，巴菲特绝对是一个榜样，一个值得仔细观摩用心学习的大师。为什么这么说？因为他在达成交易的过程中，能够最科学又最艺术地谈到钱的问题。在涉及任何企业的任何一次正式交谈中，巴菲特都能显示出他独有的特点：在企业的财务运作方面，他有百科全书般的渊博。他知道“他们的钱”的前世今生，他对“他们的荷包”了如指掌。他精通怎样投资才会顺利，怎样运作才会实现投资预期。遵循他的教诲，你定会完成更多的交易目标。

巴菲特曾说过："风险来自一知半解。"每次交易启动前，巴菲特基本上都会亲自做功课，做"家庭作业"。因此，他总是知道自己在干什么。下面略举数例。

（1）20岁时，他将自己财富的一半投资于政府雇员保险公司。到1995年时，他通过一系列交易获得了政府雇员保险公司的全部股权。

（2）他成功地以2500万美元的价格买入喜氏糖果，因为他将它视为一家拥有成长潜力的高品质公司。

（3）在60秒的谈判后，他就当机立断，接受对方的出价，买下中州保险公司。对方的出价高达1亿美元，是这家公司年营收的10倍。

（4）他以3.15亿美元的价格买入史考特飞兹公司。这是一家集团企业，旗下有柯比（Kirby）真空清洗机制造商和《世界之书》百科全书出版商。

不仅如此，沃伦·巴菲特的成功并购，还包括许多其他著名案例，如并购玛氏小威廉瑞格利公司（箭牌口香糖制造商）、鲜果布衣、加伦童装、科特商业服务公司（办公设备与家居用品租赁）、美国商业资讯、布鲁克斯运动商品公司、内布拉斯加家具商城、博西姆斯珠宝商店、赫尔兹伯格钻石、RC威利家居设备公司、本布里奇珠宝商店、贾斯汀品牌鞋业公司、利捷航空、《奥马哈世界先驱报》、伯灵顿北方圣特菲铁路公司、本杰明摩尔公司，以及克莱顿住房制造公司。其中有一些案例最能说明本书阐述的巴菲特交易学。

巴菲特之道第 60 条

爱是最大的回报

巴菲特在自传《滚雪球》中写道："那是对你的生活哲学的终极性测试。爱之难，难就难在它买不来。你可以用钱买来'性'，你可以用钱买来'表彰晚宴'，你可以买来笔杆子为你树碑立传、歌功颂德。但是，要获得爱，你只有一条道：你必须可爱，值得爱。"

本书读者：所有交易者

不要自惭形秽，觉得自己是个小人物，哪能与巴菲特相比，觉得自己的交易与巴菲特的交易没有相似之处。你错了，本书的目标读者包括你，它还包括美国国内 5000 多万企业主、企业家、专业销售人士与相关职业从业人员，他们所在企业的生死存亡、兴衰荣辱系于一点：能否将现金流引入他们所代表的商业机会、盈利机会。根据 2010 年的人口统计，这 5000 多万人中包括：

（1）2260 万自雇型专业人士、咨询师和企业主，他们通过交易来获取客户与合同。

（2）154 万专业销售人士和相关职业从业者（如广告销售员、业务发展咨询师、保险代理、房地产经纪与代理、销售代表以及证券与金融服务销售人士），他们通过交易获取客户。

（3）580 名企业 CEO，他们是所在企业的主要"交易人"。

（4）100 万名商业交易（顾问）律师，他们代表客户达成交易，也为自己交易。

（5）数百万对现金流与交易机会一样感兴趣的企业领导人，

包括参与企业战略规划的高管。

此外，本书的服务对象还包括每一年都会跟他们的新公司一起突然冒出来的新兴企业家——在美国，这个人群有 600 万以上；也包括打拼在风险资本企业、投资银行、业务经纪以及并购行业的其他类型组织内的人员，就美国而言，这类人员也有数万之众。

就我自己而言，我是巴菲特这些“交易经”有效性的见证者。就本书所倡导的“巴菲特交易学”而言，我个人最大的“巴菲特式交易”是赢得一笔 4 亿美元的合同。数年来，利用本书所探讨的种种交易思想与策略，我的公司和获得我们咨询辅导服务的客户公司达成了总额价值为 50 亿美元以上的交易。在这些交易中，规模有大有小，小的价值不过区区 1 万美元，大的高达 1 亿美元。这个方法在金融服务业、制造业、建筑业、分销业、物流业、服务业以及其他多种行业都经受住了考验。任何一个人，只要努力改变其追求的交易类型，就有机会改变自己的人生境界。要实现这个改变——提高你自己的“销售”生涯的标杆——你必须首先有一个方案。本书所要呈现给你的，就是这样一个方案。

巴菲特之道第 90 条

确保把你的“千金”嫁好了

巴菲特曾经说过：“我们的处境与卡米洛特（英国传说中亚瑟王的宫殿所在地）的莫德雷德正好相反。关于莫德雷德的处境，格尼维尔曾经有一句妙语：‘至少有一点我可以为他打包票，他绝对不会娶错老婆，因为无论娶什么人，他都是高攀。’”

多年来，我有幸与许多了不起的客户交往、共事，他们非常慷慨地与我分享了他们美妙的商界体验与经历。正因为如此，本书到处“镶嵌”着他们的智慧之珠。他们的故事当然主要用作本书阐述巴菲特交易学的例证，但同时也用来表达我对我的客户们表现出来的执着与勤勉品德的敬意。他们几乎每天都会给我带来灵感。对于他们，我在此表示真诚的谢意。

在这里，我还要尽我的“充分告知”义务：我是沃伦•巴菲特的控股公司伯克希尔的股东之一。此外，我还是巴菲特的忠实读者：巴菲特自 1970 年以来，每年都要发表他的“致股东书”，信息丰富，文笔轻快，我是其中最认真的研读者。另外也要交代一下，巴菲特本人对本书没有做过任何评论，没有“背书”或谈及本书的种种观点。

在我年届 40 之前，我已经领导过 4 家企业，每个企业都从我接手时的年收入不到 1500 万美元跃升到 1 亿美元以上。这些经历对我本人而言都是非常美妙的体验。但一路走来，我渐渐发现，我最钟爱的事业，是与他人共事、合作，通过这种合作帮助他人获得我曾收获的那些美妙体验。

于是我成立了“捕猎大交易”咨询服务公司，这是一家快速成长的销售咨询企业。迄今为止，我向 150 多家公司提供了咨询服务，帮助他们利用本书所阐述的原则，获得数百万美元级别的重要客户。

本书的合作者亨利，是“捕猎大交易”销售咨询团队的成员之一。他同时还是一名市场营销研究专家、报纸专栏作家，过去 30 多年来专注于交易学研究。此外，亨利还是一名市场营销学教师，是加州大学圣地亚哥分校继续教育部主任助理。

对于“捕猎大交易”咨询团队的各位同人，尤其是总裁卡拉杰恩•摩尔以及威尔•戴维斯，我们深表感谢，本书得益于他们甚多。卡拉杰恩•摩尔是一位卓越的交易专家。而威尔•戴维斯原先是我们的一个客户公司的首席执行官，他坚持我们所推荐、倡导的销售原则，将所属公司的规模扩大了一倍，目前是我们创办的“捕猎大交易”学院（HBS Academy）的负责人。捕猎大交易学院主要面向企业高管，它的培训宗旨就是帮助企业家捕猎大客户、大合同，实现企业业绩的成倍扩张。

本书行文中会一直使用“我们”一词来代表叙述者，在实际情况中，本书的有些案例属于汤姆，有些来自亨利，有些属于卡拉杰恩，有些来自威尔，有些属于团队的其他成员。为减轻阅读负担，我们把所有这些案例都归属到叙述者“我们”名下。

这个序言写得不短了。机不可失，时不再来，交易的时机不等人。我们上路吧。

汤姆•瑟西

捕猎大交易销售咨询公司创始人

2012 年 5 月

目 录

Contents

第1课

像巴菲特那样去交易

地点：内布拉斯加州的奥马哈。时间：1983 年。

在这一年的任何一天，你都有可能看见 89 岁高龄的罗斯·布朗金——这位美国最大的非连锁型家具商店的创始人和拥有者——骑着她的速可达微型小踏板，巡视自己的迷你帝国——内布拉斯加家具商城。但是，也就在这一年的某一天，有些顾客见证了一桩商界传奇性事件：她就站在大卖场的某个过道的中间，正与未来的亿万富翁沃伦·巴菲特洽谈对她公司的并购问题。

“沃伦，”她说道，“我已厌倦与孩子们争论这个大卖场的经营管理问题，而且我也想放慢生命的脚步。”

“罗斯，我一直说，只要你想好了要卖，我一定会出手买下。你什么价格呢？”沃伦·巴菲特回应道。

两人握了一下手，交易达成了。他递上一张手写的支票，数额为 5500 万美元，布朗金家族从此成为巴菲特旗下伯克希尔公司的重要合伙人。

如此大的交易，如此快的交易，是否有些草率？不，巴菲特并不草率。他在本次交易中严格遵循了他自己的几大关键原则。

（1）了解你自己的数据，他们的数据，以及本行业所有的数据。

（2）与那些你愿意与其共事的人做交易。

（3）交易时机到来时毫不犹豫。

1983 年，创造了家具行业偶像级品牌的布朗金家族与巴菲特达成了一笔交易，从此与这位未来的全球首富实现了强强联手。这笔交易从开始到达成，只用了一个小时，当然，还有一张手写的支票。但是没有一名律师在场见证。这笔交易今天依然在生效，而且已经为交易的双方带来了巨大的利益。

学习之旅：学会巴菲特式交易

你还记得你这辈子达成过的最大交易吗?

你当然记得。每个人都有过一笔自己的最大交易，每个人都会记得这笔交易的前前后后。你怎能忘记呢?你曾经暗自一次次地回顾这次交易。你在脑海里一定“重放”过这次交易，分析过这次成功的相关因素。你仔细检视在交易谈判中取得神奇效果的种种策略，尽管你曾经非常肯定这些策略未必会有效。你记得那些让你畏葸不前的沮丧时刻，你发誓绝不会再让自己经受这一切。你迷惑：究竟“出了什么状况”才让这笔交易如此成功?究竟从什么时候开始自己交上了“狗屎运”，为什么?

毋庸赘言，你后来曾经努力再努力，希望复制那一笔成功的交易。但情况时好时坏，即使是最好的状况，也与记忆中的那次成功相距甚远。那笔最大的交易，也许从此就成为你一辈子无法打破的纪录——除非你学会像沃伦·巴菲特那样去交易。

我们当然不会教导你如何复制你往日的那笔成功交易。在我们看来，“复制”就是“停滞”，而在交易世界里，“停滞”就是“死亡之吻”。而且，你根本就无法复制成功。那笔交易的种种内外条件都是独一无二的。没有任何两笔交易会完全一样，因此，复制当年的成功交易根本就不可能。

相反，我们要你做的是另一码事。我们要陪伴你走上一段学习之旅，学会像历史上最伟大的那位交易达人那样去交易。

这次学习之旅的目标，就是达成你迄今为止甚至都无法想象的一笔大交易，对，就是这么大，大到 1 万美元，1 百万美元，甚至 1 亿美元。交易的对象也许是一个“列兵”——一家私营公司，也可能是一位“将军”——一家像“通用”级别一样的公众公司，如通用电气、通用磨坊、通用汽车等。

巴菲特之道第 1 条

金钱永远流向机会

2011 年，沃伦·巴菲特对他的股东们说道："金钱永远流向机会，而美国有源源不断的机会。"

不管你手下的企业是什么规模，你都能实现你自己的巴菲特式交易。本书将为你的学习之旅描绘出一条清晰的路线图。只要你遵循本书所总结的巴菲特的谆谆教诲，将它们应用于你自己的实际情况，持之以恒，你就能磨砺、改善自己的交易达成能力。

本书并不关注循序渐进、日积月累式的慢速发展。它帮助你集中攻关，实现爆发性、大级别增长，它引导你将销售精确导向关键客户。不仅如此，它探讨的是如何实现多次的爆发式、大级别增长。学会像巴菲特那样交易，并不是说教你包打天下的"一招鲜"，而是培养一种思维型态，一套原则，以及许多你能够反复实践的有效策略。

我们并不想误导你，让你觉得这是一种可以轻松企及的境界。任何值得追求的东西，得来都不会轻而易举。我们会阐述你将遭遇的种种挑战的重要性，教会你应对这些挑战的实际而巧妙的策略，讲述巴菲特与其他成功交易人的故事。无一例外，这些交易达人都善于捕捉超级交易机会，从而让自己的公司、自己的事业、自己的商界生涯实现脱胎换骨式的改变。

我们确信，任何人，只要能够应对甚或超越这些挑战，他就能达成他自己的巴菲特式交易。为什么这么确信？因为我们已经一次次看到它取得成功，无法想象的成功。

多年来，我们有幸与许多了不起的客户近距离接触，他们慷慨地允许我们在本书中分享他们的经历。因此，本书“镶嵌”着许多客户故事。他们的故事当然主要用作阐述巴菲特交易学的例证，但同时也用来表达我对我的客户们表现出来的执着与勤勉品德的敬意。他们几乎每天都会给我带来灵感。对于他们，我们内心非常感激。

巴菲特式交易与众不同

要学习、了解怎样达成大交易，巴菲特仍然是值得我们观摩、研究的全球第一人。他在达成交易的过程中，能够最科学又最艺术地谈到钱的问题。

沃伦·巴菲特达成交易的方式与普通人不同。如果你想要一张能帮助你找到达成更好、更大交易之路线图，就需要仔细研读本书的各个章节，它们将向你呈现“巴菲特之道”的真谛。

巴菲特富有传奇性，其传奇品格之一，就反映在这样一个重复发生的传奇篇章上：他经常凭借非常有限的一些信息就对一些巨额交易拍板决策，这些信息有时不过是几页业务规划、普通的财务数据（普通到不能再普通，有可能就是公司申请贷款时必须向银行提供的那些数据）等。但是，他对企业的财务运作，却拥有百科全书般的渊博知识。他知道“他们的钱”的前世今生，他对“他们的荷包”了如指掌。他精通怎样投资才会顺利，怎样运作才会实现投资预期。遵循他的教诲，你定会达成更多的交易目标。

巴菲特之道第 31 条

善于学习他人

巴菲特谦逊地表示他一生受教于多位良师，包括他在哥伦比亚大学商学院的老师本·格雷厄姆，以及他在伯克希尔的合伙人查理·芒格。他曾经说过："你不必钻研事情的所有方面。艾萨克·牛顿不是说过吗：'我比别人看到的多一点儿，因为我站在了巨人的肩膀上。'要努力站到别人的肩膀上去，这绝不会错。"

我们毫不讳言自己对巴菲特的迷恋，我们是巴菲特正大光明的"偷窥者"。我们持有他公司的股票，伯克希尔公司年报中的他以董事长身份执笔的"致股东书"，我们总是一字不漏地拜读，任何对于他的新闻报道我们从不放过。我们最感兴趣的不是他的投资智慧，而是他的交易方式。通过远距离观察沃伦·巴菲特的交易方式，我们归纳了以下 7 个交易特征。

（1）了解交易对象的"钱道"。对于交易对象的"钱道"，巴菲特似乎总是了如指掌。他知道对方的钱是怎么赚来的，他们是如何数钱的，他们是如何花钱的。如果对方是公众公司，这显然并不算太难。对于非上市的私营公司，有些数据可以相对容易地估算出来，至少可以估算对方所销售商品的成本（销货成本），也许还可以估算出其销售成本。这些数字对探讨双方合作的可能性很关键。可惜的是，双方的探讨在涉及对方的预算时，常常戛然而止。如果你不知道，你应该坦然发问。千万不要让对方觉得你在试图打听属于对方公司的行业秘密，但你至少可以打听其所在这个行业的一些平均值。这些数值为双方的探讨提供了一个基础性框架。

（2）了解交易对象的"荷包"状况。本次销售将对他们的许多关键数据分别产生何种影响？这是必须进行换位思考的重要内容。你必须学会置身谈判桌的对面，从对方的角度来审视这次交易的条款，然后再从己方的角度来评估这次交易。

（3）及早谈钱。你可能认为，财务问题可以在谈判的后期详细讨论，在刚开始时，信息比较缺乏，不能谈得太具体，谈得太精确。这是一种错误的认识。你首先应该对潜在交易对象所在行业的“行业经济学”有一个总体了解，这样你才能掌握必要的信息，以此判断这次交易从根本上讲是否有必要性。利用这样的行业经济学信息和行业知识，与对方达成对本次交易的“钱景”与“钱况”的共识。

（4）使用区间值评估本次交易的基本合理性。从接触一开始，到整个谈判过程，始终清醒地判断潜在交易对象与自己是否正在同一个竞技台上过招。我们无法获得对方的精确数字，也不能过早给出己方的精确数字，但通过数字区间——包括价格区间、成本结构区间、产出率区间、业绩区间——可以确认自己和对方是否在同样的现实中对话，而不会谈到最后突然发现双方的认识相差太大，从而对双方关系造成永久性损失，无法挽回。

（5）强调投资与结果。任何一笔大的销售，都不是一次简单的买与卖，而是一次投资，是双方面向“结果”的一次投资，不要把对话停留在价格与成本上，而要从价格转向投资，从成本转向结果，这样一来，你们的关注点就放在业绩影响上，而不是预算限制上。这就是大销售的语言，大销售的话语方式。

（6）不要过早打折。如果你善于倾听，你会经常听到咄咄逼人的“交易高手”使用这样的语言：“我们千万不要让钱这个字挡了我们的道，让我们走不到一起。”对这样的语言，恕我直言，我只能用一个字来评述——算了，不说粗话了。不过这类语言表述的实质，就等于在前景没有明朗之前就打出了打折牌。这样的销售员自以为他很聪明，把钱的问题从台面上“掸”走了，但他没有想到，自己把自己的利润边际切走了——他自己和他公司的利润边际。如果这笔交易是值得做的投资，其影响力早就被充分认知，就不必再次去强调这一点。

（7）时机未到不要开始讨价还价。每次只专注一个交易点。只有双方把交易的投资性质与投资结果真正搞清楚、搞明白，达成共识，才能开始谈判。确实，对这些投资观念、投资结果的认识本身也需要谈判，但是，现实问题是，交易双方很容易不自觉地从对话转为谈判，从交流转为讨价还价，而此时此刻，合作的空间还没有探明，向对方“交付”的条件也没有被定义。这就意味着，在双方的共识还没有达成之前，就进入了局部的纠缠。

在本书以下的章节中，你会读到许多交易故事，它们阐释了巴菲特交易学的重要原理。在每一课中，我们都会与你分享我们对如何将原理运用于实践的具体思考。任何一本关于巴菲特的书中，都应该包含大量的巴氏智慧，它们常常包含在这位全球最伟大交易专家的交易行为中。这些智慧，我们专门在“巴菲特之道”小栏目中分别呈现。另外，以交易为终身事业的巴菲特，有太多太多值得我们学习的东西，为此，我们的每一课都以“巴菲特智慧之结晶”作结，总结巴氏智慧的一些重要观点。

巴菲特智慧结晶

人与利润一样重要

任何与巴菲特有过交易的人都会告诉你，巴氏话语中一再重现的一个主题，就是交易中的人与财务考量一样重要。那是因为财务考量是特定时刻的特定关切，而人的因素是跨越这个特定时刻的。沃伦•巴菲特不干恶意收购、恶意并购和恶意中止这样的事。他的交易对象总是运转正常的企业，而且这些企业的主管必须是久经考验的干才。在巴菲特交易中，金钱当然重要，但人的因素更重要。

第2课

交易以大为美

巴菲特从不害怕“砸”大钱，做大交易。1986年，他买入了司各特——费泽尔集团（以下简称司各特集团），这是一家包含22个不同企业的集团，产品五花八门，什么都有：金厨刀具、《世界之书》百科全书、柯比真空清洗机（吸尘器）、带有司各特实验室商标的洗涤产品等。当时这笔交易的规模创下了他交易生涯中的一个纪录，远远超出了他的预期。

“我们为并购司各特集团支付了3.152亿美元，而这家公司当时的账面价值为1.726亿美元，”巴菲特在他1994年写给伯克希尔股东的《致股东书》中写道，“我们之所以给出了1.426亿美元的溢价，因为我们相信，公司的内在价值接近其账面价值的两倍。”

早在1974年，哈佛商学院毕业生拉尔夫·谢伊就已经成为司各特集团的总裁，他悄悄地将公司培育成一头“现金牛”。在躁动不安的20世纪80年代，并购潮席卷美国，低调的司各特集团无处藏身，它丰厚的边际利润引起了外界关注。

1984年，并购金融家伊凡·博伊斯基开始收集司各特集团的股份。由谢伊领导的一家企业集团此后宣布要通过一次杠杆性赎回将司各特集团私有化。与此同时，纽约的一家投资机构——凯尔索公司，进入竞买队伍，出价每股61美元。凯尔索公司善于通过实施“雇员股份所有制方案”买断企业，到1985年初，出价提高到了每股62美元。但这个“雇员股份所有制方案”中途夭折。

此时，司各特公司的知名度越来越高，以管理卓越和利润率高闻名市场，而这两点正是巴菲特最看重的品质。巴菲特一直偷偷寻猎盈利记录长期良好且他不必插手企业微观管理的公司。他喜欢非技术行业，因为它们容易理解和把握。

那个“雇员股份所有制方案”失败以后，巴菲特写信给谢伊，说他欣赏公司的良好纪录。他遵循他一贯的行事风格，毫不犹豫地与对方达成了交易，尽管对方是规模如此巨大的一个集团公司，一个巨无霸。双方在第一次晚宴后的一个星期内，就完成了收购交易。

在 1994 年的《致股东书》中，巴菲特是这样描述这宗交易，并表达他对谢伊的赏识的。

司各特公司在伯克希尔账面上的置存价值（carrying value）与它的内在价值之间的差距现在已经很巨大。我曾经说过，我在这里再重复一次，这种让人快乐的差距，应该归功于拉尔夫·谢伊，一位专注、聪明、高品质的经理人。拉尔夫辉煌的成功，其原因并不复杂。本·格雷厄姆 45 年前就教导我说：在投资中，你不一定要做异乎寻常的操作，才能取得异乎寻常的投资结果。随着岁月的流逝，我惊奇地发现，这句话在企业管理中一样适用。一个经理人应该做的是处理好基本事务，并且心无旁骛。而这正是拉尔夫的“公式”。他首先确立正确的目标，然后就永远盯着这个目标不放，直至实现。就个人性情而言，拉尔夫也是一个我乐意与之共事的人。他从不讳言问题，他非常自信，但从不自大。

谢伊在司各特公司继续掌舵，直至 2000 年。司各特公司的业绩表现，证明了巴菲特当年买下这家公司的理由的“合法性”。司各特公司归入伯克希尔旗下的前 13 年中，它为后者带来了 10 亿美元以上的净利润。

为大人物解决大问题

要像巴菲特那样去捕猎、达成交易，你就必须为“大人物”解决“大问题”。这最大的诀窍说起来容易，但做起来不简单。根据这个大的原则，你的下一笔交易，一笔巴菲特式的交易，就必须做到以下几点。

（1）鉴别、寻找你的潜在交易对象。

（2）了解这个对象的最大问题。

（3）向对象公司的最高领导人发出交易意向。

（4）为对象公司的最大问题制订一个解决方案。

不过，在课程的开始阶段，我们还是来谈谈钱的问题。

巴菲特之道第 17 条

要么立志高远，要么收摊回家

在一次年度股东大会开幕之时，巴菲特敲敲麦克风，测试它的状况，嘴里说道：“喂——喂——一百万——两百万——三百万。”

为你的交易设定金钱目标

你的目标是实现你的巴菲特式交易。你可以从最近的一笔大交易出发来进一步定义你的巴菲特式交易的规模。你期望的巴菲特式交易，是上一笔大交易的 2 倍？ 3 倍？ 10 倍？或者 100 倍？

如果这个数字越大，你的动力就强，你的精神就会高度专注，在整个捕猎过程中心无旁骛。如果目标定得过低，你也许就会在某个节点上因为一点儿挫折而放弃，理由很充分：这个交易不值得你付出这么多。但另一方面，这个数字应该扎根于现实，不能虚无缥缈。最关键的是，不要自设藩篱，把“现实”先入为主地理解为“不断地增加你既有产品或服务的销售”。

“不断地增加销售”很难促成大交易的到来。“不断地增加”这种思维模式限制了你猎获大交易的机会。现实生活中，这种累积增加很少能成就突破性的大交易。你的下一笔大交易，应该是改变游戏格局的革命性事件，而不是仅仅增加了本行业的某个统计数据。

目前而言，当你把商品卖给某个买家时，你是在解决某个当下的问题——你的买家当下需要某个商品。涉及的数量是有限的，涉及的时间安排是短暂的，涉及的商品可大可小，小到电灯泡，大到房屋。也可能是一个工作坊，或者是有关人寿保险的一系列宣传、演示文件服务。反正是你能生产或提供而买家又需要的商品或服务。这就是你目前的交易格局，你在这个格局中从一笔交易奔向下一笔交易。

当然，以上所言是概而言之的，不免粗略，但指出的问题很清晰：作为销售者，你对销售何时发生，买方订单有多大，几乎没有什么控制力，而这两点是任何交易的关键参数。这两个参数控制在总体社会经济状况的手里，还取决于买方企业的兴衰，客户的要求与生活方式，以及其他因素。所有这些因素都不是由你控制或驱动的。这就决定了一点，你很难向任何一个买家永不停息地售出你的商品或服务。你如何才能在某个时间点上让你的任何一个买家增加对你产品或服务的买入？事实上，你无法做到。你也许可以寻找到更多的买家，你的交易增加了，但这些交易都是相互独立的小交易，并不是你要实现的巴菲特式的大交易。

“不断地增加销售”还有另一个问题，它与你目前的买家有关。你的买家，很可能是一个部门经理，预算有限。他不能单方面决定向你发出巨额订购大单。他只能围绕公司需要在他的职权范围内作订购决策。另外，你的具体产品或服务并不是一个大问题，解决这个问题并不需要大思维，而只有大思维才会给你带来大交易。

稍稍停下你的脚步，思考一下你目前的交易。审视你习惯使用的交易过程，以及你的交易对象。在你交易过程的某个时间点上，你可能迎头撞上某个路障，而正是这个路障让你无法实现传说中的那个大交易。这个路障，可能是交易对象公司里的某个讨厌你的人，可能是你对铁路的依赖——因为铁路能否准点营运对你能否及时配送商品至关重要，也可能是手下缺乏知识丰富的 IT 人才。

不管这个路障是什么，它都有能力让你的交易戛然而止。这个路障成为了控制你的交易的一个因素。

很明显，要想捕猎到你的巴菲特式大交易，你需要改变思路，改变路线图。本书要教给你的就是这种改变。我们首先要讨论的，就是你该以什么方式对你所捕猎的大交易形成并不断强化控制。这种控制力让你脱离目前的交易模式，在“路障”出现之前就进行清障工作。

怎样才能实现巴菲特式大交易？

要实现巴菲特式大交易，你必须：

（1）与目标公司的许多人接触、合作。

（2）确保你制订的方案、发出的信号对整个对象公司形成影响，而不是只影响到其中的某个部门。

（3）经受得住一个长期的且常常变得非常复杂的交易过程。

（4）向目标公司的 CEO 或其他高层人士销售产品，并要成功“搭售”你新的态度与观念。

（5）组建一个工作团队，并让这个团队参与你与目标公司的会晤。

（6）制造自己的机会，而不是等待机会的出现。

如果你目前的交易方式包括上述 6 点，那说明你已经具备了捕猎自己的巴菲特式大交易的条件。否则，你就应该继续读下去。

我们曾经问过美国各类销售人士同一个问题：“你们能否在明年的这个时候做成一笔大的交易？”最常见的答案是：“但愿如此。我希望机会能降临到我的身上。”

你的巴菲特式大交易的机会，不是降临到你身上的，而是由你请来的，是通过勤勉而正确的努力而造就的。蝴蝶破茧而出靠的是自己的欲望与力量。想要捕猎这类大交易，你必须让你的销售方式实现转型。你要解决的问题也远比原先复杂。对以前的你来说，“对方明示的需要” = “需求”，而现在的你，面临的并不是这样简单的等式。

不过，也不要过于紧张。我们也不是要你完全抛弃过去，从房地产转型到医疗设备，从广告业转向技术产业。你不一定需要“行业跳槽”，但你必须“思维跳槽”，你的销售观念与原则必须经历一次重要的跳槽。

巴菲特智慧结晶

信任事实，但不信任群体的意见

大交易未必是好交易。你要想清楚自己该追求的是什么样的交易，这个决定必须自己来作。在作这种决定时，应该广泛了解交易对象，但不一定听取群体意见。事实上，巴菲特对大多数的意见、看法等总是心存疑虑，表现得非常谨慎。在研究生院学习时，他非常惊讶地发现，他的许多同学很乐意遵从传统智慧。“我认为在那个班级里没有一个人思考过这样一个问题：美国钢铁公司是不是一个好企业？就像搭乘火车时根本没想过这么一个问题：这是一列慢车，还是一列快车？”巴菲特不相信群体意见。因为在他看来，“大家是否同意你的想法，并不能决定你的想法是否正确。如果你找对了事实，做对了推理，你的意见就会正确。”

第3课 视野须广，挑选宜苛

巴菲特关注的交易机会很多，对其中一些他会发生兴趣，然后跟进。一旦他发现一宗他“爱不释手”的交易，他会立即行动。

巴菲特的经理人之一，内布拉斯加家具商城的欧夫·布朗金，曾经在几年间前后多次向他提起犹他州的一家家具零售公司，即规模庞大的RC威利家居设备公司（以下简称RC威利）。与此同时，他也曾向RC威利家居设备公司的CEO比尔·蔡尔德讲述过布朗金家族与巴菲特之间的愉快关系。

1995年年初，蔡尔德向布朗金提到，出于遗产税考虑和多元化原因，他和RC威利家居设备公司的其他大股东愿意将公司出售。巴菲特得知该信息后立即将自己的“战机”切入“交易模式”。

“从那时开始，我们一直坚持最简约原则，”巴菲特在他1996年的《致股东书》中写道，“比尔向我发送了一些数据，我给他写了一封信，表达了我的想法。我们很快就一个数字达成共识，并且发现两人情趣相投。到年中时，这次并购交易已经完成。”

在巴菲特看来，RC威利的发展是令人惊叹的。蔡尔德于1954年从他岳父手里接管了这家企业，当时的销售额约为25万美元。在他的同胞兄弟谢尔顿的协助下，到1995年，蔡尔德公司的销售额增加了100倍，高达2.57亿美元，占到犹他州家具销售总额的50%。

与内布拉斯加家具商城一样，RC威利除了销售家具外还经营电器、电子、电脑与地毯。两家公司的销售额相当，但内布拉斯加家具商城的所有利润都来自它在奥马哈的一家超级大卖场，而RC威利经营着5家大商店，还有第6家正在建设过程中。

巴菲特相中的企业都有如下特点：有能干的经理人，这些经理人喜欢竞争，而且这种良好营运状况已经延续了数十年。他对他旗下所有企业的CEO都信任有加，鼓励他们自主经营，他对蔡尔德的态度也是如此，一路绿灯。

“我非常希望他们有一种主人翁的意识，”巴菲特曾如此写道，“当然这并不是说我就一味盲信他们，不加思考。我们要回避的是校友们对大学足球队教练的那种典型态度：‘我百分之百地和你站在一起——只要你赢或者至少打平。’作为企业的所有者，我们的基本目标是形成正确的行为特征：我们想让手下的经理人如何对待我们，我们就应该以同样的态度对待他们。”

怎样才能知道正确的交易程序

在你努力搜寻自己职业生涯中迄今为止最大的交易对象时，首先想到的总是巨型公司,或者按我们的叫法,是“名标公司”(logo companies)。在极少数情况下，对这些“名标公司”的追逐确实能带来大交易，但是，一般而言，把目标锁定在这类企业并不是一个好的销售战略。

当然，巴菲特也不是完全忽视这类“名标公司”，他也曾通过交易获取了可口可乐、美国捷运、吉列公司的大量股份。但是，巴菲特并不是因为这些买入才成为全球最伟大的交易达人的。他买入的许多公司，其知名度一般而言还没有达到在全美国家喻户晓的程度。

我们追求的是大交易。一味追逐大公司，有时候是自取其祸。这里所指的大公司，通常知名度极高，规模庞大，如沃尔玛、美国空军、通用电气、UPS。如果与它们做成交易，很具有眼球效应，你的同行、同事与竞争对手都会睁大眼睛与张大嘴巴。

然而，千万记住：你可以追求大交易，但不一定要追逐大公司。

当然，在你追求大交易的过程中，你的交易对手正巧是一家“名标”大鳄公司，那是另外一回事。我们要告诫你的是不要刻意追逐大公司，否则，你会耗费精力，挫折不断。所有那些眼球效应都不能抵消你一路走来所遭受的挫折。为什么？因为“名标公司”行事缓慢。

巴菲特之道第 22 条

质量优先

“拥有名钻‘希望之星’的 1%，胜过拥有一整颗莱茵石（假钻石）。”

名标公司行事缓慢

我们曾经参与过一次针对某家“名标公司”的销售战役，前后多次上门，会议参加了无数次，一心想见到对方的采购决策者。“阅人”无数之后，我们发现，这个公司的购买周期为 26 个月。此时我们已经与它折腾了 4 个月，还没有见到一个有决策权的人。

如果要花上 26 个月的时间才能作出一个购买决策，那么要过多长时间我们才能兑现从这次交易中获得的第一张支票呢？

我们对“名标公司”的一切都不清楚，因此我们做不起如此冒险的交易。

“名标公司”的购买周期是对耐心、理性与资金的巨大消耗。这些公司将会把你的血放干，如果你不及时阻止他们的话。我们当然有理由相信，他们这么做并不是有意为之。可是“名标公司”毕竟是巨型公司。与巨型公司交往，必然有很多复杂情况，会产生种种“综合征”。

“名标公司”人员结构复杂，每个购买决策过程，似乎都会涉及一层又一层的人员。第一层次的人，先在一般层面上对你进行一番鉴定，再对你提供的方案鉴定一番：贵公司的历史、稳定性、声誉，等等。第二层次的人会与你进行比较具体的谈话，谈话主要针对你为“鄙公司”的问题所提供的解决方案。你碰到真正的交易对象了吗？没有。而且，你不知道还有多少关需要你去闯。

到目前为止，你所做的不过是提供免费咨询服务。你没获得对方一个承诺，说这笔交易会有哪怕一点点的成算。如果你允许自己沉湎于如此无节制的时间消耗，继续准备演示报告，搜集数据，设想种种假定情景，再设想对这些假定情景的解决之道，那你就表现得像一个傻瓜。而傻瓜，是不可能赢得他下一笔巴菲特式交易的。

在那 26 个月里可能发生些什么

如果要消耗上 26 个月才能完成一笔交易，那么应想想，在这 26 个月里可能发生什么情况？很多，很多情况，又因为当今时代瞬息万变，所以甚至可以回答说：无数情况。以下是三个可能性很大的情况。

（1）潜在交易对象公司发生重组、洗牌，你的交易将因此消失。

（2）其首席执行官将离任，新来者将带着公司朝新的方向发展。

（3）大规模裁减预算，你的交易将是第一个牺牲品。

对于如此冒险的交易，你绝对耗不起这么多的时间和财力，不能为了获得与“名标公司”做成交易所伴生的荣耀与名声而不顾一切。库柏·古丁因为影片《甜心先生》获得好莱坞大奖，他在片中的名言并不是“把荣耀拿出来让我看看”，而是“把钱拿出来让我看看”。

而且，现实情况是：

7 位数以上的交易，绝大多数，绝对是绝大多数，最后不过是发给你一张招标书。

在整个交易中，你花了大量的时间和精力，对方不过是发出一张招标书。这种情况发生的概率大大超乎你的想象。不管你参加了与该公司各个方面人员的多少次会议，你都不具备任何优势，在整个招标过程中，你一样是零起点。

“财富 1000 强”中，很多公司，甚至可以说多数公司，在发出招标书前就已经选定了自己的供应商。他们的招标书，在撰写过程中就是按照大公司订制的，根本没把中小型企业放在心里。即使你以最节约的报价参与投标，你成功的概率也不会高于 7%。

除此之外，你还要面对不好对付的采购部门。“名标公司”的采购部门有两件事一直是不会忘记的：一是遵循所有的规章制度；二是抠门。

先来讨论规章制度问题。相关的规章制度有很多，而且每天都在制定新的制度，“名标公司”在选择重要卖方时，必须做出一个样子，表示他们都是按照规章制度来操作的。这也是他们经常选择招标做法的原因所在。这样一来，他们手头就有很多“文书”、文件、证据表明，他们在将一大笔资金托付给某家卖方之前，已经尽到了注意义务。

在你做出某个特定销售努力之前，你会想到你公司规定的销售规章制度吗？当然不会。为什么要想这些呢？购买程序的规章制度不应该成为销售过程的一部分。但是，对于“名标公司”而言，购买程序的相关规章制度是必须考虑的东西。这些东西决定了他们作出购买决策的方式。

结果呢？这些公司会把这个过程拖得很长，牵涉许多人。这样可以表示：他们万事都做得恰如其分。而你呢？你赔不起！

再来说说“钱”的问题。采购者希望以最小的资金完成本次交易，而你希望这次交易成为你的巴菲特式大交易。在“名标公司”中，采购部门会让你受挫无数次，原因无非是最简单的经济学原理。对你而言，本次交易意义重大，如果是赔钱买卖，这些意义都为零。

在有些情况下，你会很乐意与采购部门的人打交道。如果你公司将营运效率作为最高商业策略，而且你们很容易就会成为低价供应商，那么低价策略可以成为你的撒手锏。例如，我们曾经有一家客户，名叫艾科工程产品供应公司，在供应来自中国的橡塑零部件方面形成了一套低价商业模式，它一直为美国工程与质控行业提供有竞争力的产品。这就让这家公司仅仅凭着报价优势就能获得订单，在销售中占据有利地位。采购部门因此成为艾科公司的最佳交易入口。但是，对大多数公司而言，除非你也采用这种商业战略，否则我们建议寻找另一扇门登堂入室。

记住一点，购买程序方面的种种规章制度，不是为了帮助作出最佳决策的，而是为了帮助公司避免作出糟糕决策的。

主动避开“后门”交易陷阱

很容易设想这样的场景，沃尔玛首席执行官把公司领导班子的所有人召集到一个会议室，然后告知大家：“大家一起估算一下，为了获得这笔交易，我们能够承担多大的财务损失？毕竟这是沃尔玛，如果我们能够进入它的后门（back door）[1]，那么抓住其他大家伙就比较容易了。我们公司也会声名鹊起。”如果你以捕猎巴菲特式大交易作为你的追求，你就不希望在公司召集这样的会议。

对于中小型公司而言，“名标公司”的交易就像塞壬女妖之歌，迷人而致命。但这样的歌在某些企业经常听到。在我们所合作的公司中，我们几乎在每一家公司都听到过类似的或者换汤不换药的对话。傍上名牌，就有鸡犬升天的希望，让自己的公司也跻身名牌的希望，是一种很难抵御的诱惑。我们看到的类似事情太多了。

为什么这是一种危险的诱惑？原因主要表现在以下三个方面。

（1）打肿脸充胖子——名利尽失。在你的行业中，这样打肿脸充胖子的公司也许为数不少，他们都与业内巨人做交易。他们的网站、介绍中，充斥着这类“名标公司”的名字。这就意味着你以内出血的方式获得了生意，却并没有因此获得傍名牌的效

---

[1] 英文中的 back door 也可指“秘密的”甚至“非法的”途径，但是其意义与中文的“后门”还是有一定差异的，主要指“非常规的”“非正统的”“不道德、非法的”。

果，因为业内多的是你这样的傻子。

（2）黑洞效应——无底洞。如果你追逐这些大公司，一心傍名牌而不计后果，你就会被不停地索取，你的工时、精力、资金支出大大超出一笔普通交易的成本。永无止境的要求与会议，可能吸干你们的血，让你最后半死不活，日后碰到真正有规模效应、潜力无限的非“名标公司”生意时，你发现自己已经力不从心。

（3）就算狗终于追上了车，然后呢？如果你经过千辛万苦获得了“名标公司”的订单，而你的公司实际上却无力落实，那么你就糗大了，就会在全体员工面前丢尽面子。

大交易让你的团队“失常”

每一笔交易都有其特殊性，这是不言而喻的，但是所有的大交易都有以下一些共同特征。

（1）必然有争论。当然，这是公司内部的争论，但毕竟还是争论。我对这些争论已经学会泰然处之，有时甚至觉得没有争论不正常，有时我还会有意挑起争论。如果没有争论，说明隐藏着某些不良因素。说不定有人的讨论热情根本没烧起来，因而只是在敷衍你，也可能有人认为你的计划不会成功，或者他们的心在别的什么事情上，因为这些，他们都在敷衍你。所以，可以得出一个重要结论：有争论是好事，至少不是坏事。

（2）人人都成了“读心人”。对于潜在交易对象团队的所有成员的一言一行、一点一滴，人们都会搜集起来，然后据此“算命”、“预测”。因为“以情动人”成为一种销售策略，这些零散信息越有“情绪”特征，我们有关销售策略的讨论就越有可能以“情绪”为焦点。这种情况可能得出某些非常危险的结论。应该从你所掌握的事实出发，然后评估你所听到的意见，最后再留出片刻考虑你所听到的种种靠谱或者不靠谱的传言。绝对不要反其道而行之。

（3）最后一刻出状况。总是在最后一刻，有人突然站起来说：“我认为我们完全搞错了。我们必须推倒重来，否则还不如不出击。”这几乎是必然出现的情况。而且这些人赢得支持的概率超出你的想象。这种状况的发生并不奇怪：长期纠缠于这个销售战役，很多人开始精神疲惫；因为不能做到完美，很多人被失败情绪掌控，因此倾向于放弃当前进攻线路，另择线路。挫败情绪如果顺利转化为创造力释放出来，“突破”有时候是会水到渠成的。但是，我的忠告是：如果你不能把修改过的建议天衣无缝地“集成”进你既有的进攻计划，就不要转换你的整体“战斗”模式。

巴菲特之道第 9 条

像特德·威廉斯那样追求精准

《沃伦·巴菲特文选》中有一段引用了巴菲特作为伯克希尔董事长在《致股东书》中的一段话：“我们追求特德·威廉斯式的精确。在《击球的科学》这部书中，特德解释说，他把击球区细分为 77 个格子，每个格子都是一只棒球那样大小。他知道，只有当来球处于最佳格子时，他才挥棒，那么他就可能击出 400 的优绩；如果想勉强地去‘够’飞向最差格子——击球区的外缘低端区——的来球，他就只能击出 230 的成绩。换句话说，善于等待最‘舒服’的来球，就会最终走向‘名人堂’，如果不加选择地挥棒出击，他就会掉入小联盟。”

正途

既然这些“非正常”状况都属于常态，那么你该怎样来管理这些情况呢？以下是我们的相关建议。强烈推荐！

（1）学习巴菲特，准备工作事无巨细。必须把所有数据提供给你团队的所有成员，而且越早越好。这其中包括目标公司的一个档案卷宗，购买过程所有参与者的情况介绍，关于这笔交易业已发生的所有意见、信息交流的一个复制件。

（2）尽快选定团队成员。这个团队决定了整个事态的发展，决定了关键进攻点的选择，决定了此次销售战役的相关元素，决定了双方之间可能的情绪反应，决定了狩猎的正常程序。不要自己把大部分准备工作都做好了，然后再让团队成员来讨论。这样的做法最后可能导致更多的争论、更多的在最后时刻出现的“临时变动”。

（3）至少安排三次会议。先是交易策略会议，然后是准备会议，最后是彩排，或者是“最后审查”会议。这些会议的时间要充裕，要让成员充分展开激烈的讨论甚至争论——有意义的争论。要有头脑风暴，因此，要早做安排。

（4）分配角色。人们习惯于尽早知道自己的职责。在与客户进行销售推介或向其提交方案前后，应该由谁处理与对方的交流沟通工作？谁负责撰写相关文件，特别是讲稿的撰写人？推介会上谁是己方“乐队”的“指挥”？如果早一点儿分配好角色，各项任务的完成就会比较出色儿一点，时间的安排也会比较合理。

不要误解。这些建议并不能完全解决问题。在我们的交易准备中，我们也经历过不少“随后时刻的临时状况”，碰到过不少“读心人”好心搅局的情况。上面的建议仅仅意在提醒你不要徒劳无益，要有的放矢。

带着你的团队分别操练不同的“战术演习”，能够确保在实战中一旦出现某种状况，你的团队成员能从容应对。这种从容应对能力是无价的。

有时候，在演练时，你的团队成员会觉得有点儿假，有点儿尴尬，有点儿放不开。但是，习惯以后，他们就会放松，学会享受这种“演戏”的感觉。一旦现实验证了这种演练的有效性后，他们就会“不演戏，毋宁死”了。

巴菲特智慧结晶

心无旁骛，谋求最佳交易

巴菲特说，你应该爱你所从事的行业。“这世上有许多企业是查利·芒格和我都搞不明白的，但我俩也没有因此而夜不能寐。我们只会绕过去，继续往前走。”但是，巴菲特也很懂得交易的塞壬之歌，因此他曾经写道：“彼得·德鲁克几年前对《时代》周刊的一番话可谓深谙世情：‘我要告诉你一个秘密：交易比工作优越。交易刺激又好玩，而工作比较琐碎。经营一家企业，永远意味着大量琐屑、乏味的劳作……交易很浪漫，很性感。这就是世上发生了如此多的荒唐交易的原因。’”大概正因为如此，巴菲特忠告我们，如果你发现情况糟糕，就应竭力体面脱身。

第4课

价格再好，坏交易还是坏交易

1962 年，巴菲特把他所有的合伙制投资公司合并为一家，然后重新注资并进而控制了纺织制造业公司伯克希尔，逐渐将它经营成名满世界的投资控股公司。但是，他自己并不将它对伯克希尔哈撒韦的投资、并购视为一个伟大的胜利，相反他可能将它视为自己最大的交易失误。

巴菲特论“低价迷思”

巴菲特在他 1989 年的《致股东书》中写道：“你也许认为这是显而易见的原则，我却是付出了血泪才学来的。事实上，我对这个原则反复推敲，付出了很大代价。购入伯克希尔·哈撒韦公司不久，我买下了巴尔的摩的一家百货公司，霍克希尔德－库恩百货，是通过一家名为‘多元化零售’的公司买下的（“多元化零售公司”后来并入伯克希尔）。我的买入价跟账面价值相比算是打了一个大折扣，对方的管理层可谓一流，而且这笔交易还包括一些附赠品——不体现在账面上的房地产和相当数量的 LIFO[2] 缓冲存货。见猎心喜，这么‘便宜’的买卖我哪能错过？！于是……哈哈。还好，三年后，我幸运地以买入价将它重新出手。结束了与霍克希尔德－库恩的联姻后，我一直‘魂牵梦绕’，就像一首乡村歌曲里的那个丈夫，那首歌中唱道‘我的妻子与我最好的朋友私奔，而我心里还放不下我那个最好的朋友’。便宜常常不是好货，我个人有过多次这样的滴血教训。不用我多说，你们应该明白一点：以最优价格买入中等企业，远不如以中等价格买入最优企业。查利·芒格早就明白了这一点，我是个后知后觉

---

[2] LIFO 为一种仓储管理程序，为英文 Last in，first out 的缩略词，意为“后进库者先出”。

者。现在的我不一样了，在并购企业或者买入普通股的时候，我们总是盯着拥有一流管理团队的一流公司。”

捕猎正确的交易

在上一课中，我们曾经不留余地地发出忠告，建议对“名标公司”采取绕着走为主的策略，但我们还是得承认，与“名标公司”做生意，确实有一定的战略价值。如果你曾是高信度公司的重要客户，其他企业在与你交易时，确实会增加安全感。这么多年来，我们发起了对“财富 500 强”中 200 家公司的销售攻势，获得的订单价值都超过百万。因此，我们用事实来证明“捕猎”这些名牌企业是有其价值的。

关键在于努力与结果是否成正比，短期利益与长期杠杆效应之间是否能取得平衡。这么多年来，我们逐渐发现了一套战略，可以帮助你实现正确的平衡。

假定你目前的销售目标并不是一家“名标公司”，但是有捕猎这种公司的打算，或者你目前的销售对象就是一家“名标公司”，但你想捕猎更大的目标。那么，我们建议你采取我们的“名标公司”交易策略。

先制定一个梦幻级交易对象列表

首先，想想哪些公司是你最希望与之达成交易的。如果你身处食品制造企业，或者日用百货相关企业，你的捕猎目标可能就是沃尔玛、德国阿尔迪连锁超市或者克罗格。如果起步就追逐这些公司中的任何一家，成功绝非易事。你必须先脚踏实地，一步步地往那个高度攀登。

不管你置身何种行业，在某个时间点上，这个世界的某处总是藏着一个超级巴菲特式大交易的机会。那是你的远大目标。选择一个这样的终极目标，必须是规模与名声都大到一定级别的企业。选择本地最富裕的家族企业，或者全球顶尖的 100 家公司，肯定不会有错。这样的目标属于你，等待着你的梦想，等待着你的“点名”。

其次，你必须以潜在交易对象的需求为出发点。我们以沃尔玛为例。本书作者之一汤姆参加了一个“捕猎大交易”团队；出差前往阿肯色州的本顿堡实地考察了一下。对于沃尔玛来说，它的供应商要符合以下三点。

（1）业已证明你公司有能力与不由你公司控制的高端供应链管理系统进行业务对接。

（2）业已证明你公司有能力可以在全国范围内营运。

（3）业已证明你公司有能力应对各商店、各城市、各地区在进货量需求方面的波动。

其他的超级大卖场，也许会希望你在别的某些领域也具备久经考验的能力。它们的共同点，是需要你提供这种证明，它们要看到这种证明。分别研究一下以上几点，看看你目前的客户中，哪些客户可以提供切实的证据，证明你具备沃尔玛所要验看的这些素质。可以开列几张表，一张表上是那些证明你与高端供应链管理系统的匹配能力的客户名单，另一张表上是那些显示你在全国的营运足迹的客户名单，还有一张表上是能证明你对进货量波动应对能力的客户名单，依此类推。这样一来，等到你有决心现身沃尔玛，追逐其大订单时，你就有了全方位的能力，足以迎接这个超级商业巨头的挑战。

巴菲特之道第 19 条

交易不是“三振出局”游戏

巴菲特说道：“对于来球你不必逢球必击，你可以耐心等待恰当的来球再挥棒。”巴菲特是个棒球迷，经常使用这个运动来阐述他的交易哲学。在交易中，你可以站在击球区一整天不动，你可以一次都不挥棒，反正没人会上来赶你走。有时候不做交易就是最好的交易。

第三，思考一下，为了让“名标公司”对你这个客户产生安全感，你必须在哪些领域证明你捕猎到的客户信誉度与规模均不断上台阶，而且你与他们的交易总是以成功收场？对你与此前公司的生意往来，他们最感兴趣的是什么？对于大多数企业而言，它们的兴趣主要有以下几类。

（1）地理位置。你的分销与服务覆盖了哪些地区？在这些区域内你们目前的服务对象是谁？如果地理是个重要因素，那么你必须显示你的地区、全国乃至跨国营运能力。如果你是一个地区级企业，又想跨级跃升，向你的目标客户声称自己是一个中国企业的服务提供商，你要证明你的可信度就绝非易事。

（2）规模。规模显示的是能力（产能）与产量（销售量、生产力）。量本身是个复杂的东西，不要自作多情地以为你的目标客户会进行这样的逻辑跳跃：如果你的实际生产量为 1 万台，同时你拥有 10 万台的产能，那么你就能完成 10 万台的产量。客户不会这样去推理。他们很清楚，要充分实现产能，首先要通过一连串产量门槛，而每一个门槛都有它不同的挑战和困难。你首先必须进入数个门槛，才能靠近实现满产这个目标。

（3）技术。目标客户必须搞清楚你们的系统能否与他们的实现“对接”，最好的证明就是你们此前已经与类似、相当的系统“对接”过。如果历史证明你们公司开发的客户由小到大，逐渐提升，那就证明你们的技术能力也有不断提升，你们有能力与越来越复杂、高端的系统实现“对接”。

（4）资质证明。各种资质证明的存在，对你的营运提供一种第三方认可的感觉，使得较大级别客户在考虑是否与你进行生意往来时有了“呼吸空间”（Breathing room）。没有这些资质证明，他们的风险就陡然攀升。

（5）财务稳定。如果业务级别从 1000 万美元向 3500 万美元攀爬，你的财务模式就会出现或大或小的变形。如果没有业已证明的财务能力，没有过去良好的营运历史，你最大的机会就会悄悄离开。对于这些大公司来说，如果某个供应商陷入财务困境，它们也会受到严重损害，因此，它们总是宁可冒险，不愿错过机会，总是竭力避开这种可能性，哪怕是微乎其微的可能性。

从现在开始，着手在所有这些领域建立起你看得见、摸得着的能力与影响，这样一来，当最大的机会降临时，你就可以证明自己的能力，显示自己的实力，从而抓住机会。

第四，点对点连接起来。例如，沃尔玛要求你证明你公司有能力与它们的高端供应链管理系统对接、有能力可以在全国范围内营运、有能力应对进货量需求波动。既然如此，就把这些素质要求与提升努力连接起来，看看哪些方面的提升能让自己符合沃尔玛这三方面的要求，然后把这一个个具体的方面与你公司目前既有客户联系起来，看看与哪个公司的业务往来能够用来提供你分别在这些领域拥有实力的证据。

第五，从当前的位置出发。就像多米诺骨牌一样，要推倒最后一块骨牌，必须推倒第一块。为达此目的，你必须从自身当前所处的位置出发。眼下你有什么样的客户？在你与他们的生意往来中，哪些显现的素质能够帮你抵达那第一张多米诺骨牌？

历史与现实让我们坚信，上述的“名标公司”战略是最清晰、目的性最强的业务发展方法。它把你置身驾驶座上，让你为抵达终极目标而掌握主动。与此相反的另一种思路，是给每一家公司都抛出合作意向绣球，期望大公司的订单能够从天而降。这种情况我们见识得太多了。这根本不是一种战略。

在具备以下特点的公司中，寻找你最强大的潜在客户。

（1）财力足够雄厚，配得上你下一笔巴菲特式大交易。

（2）创新意识很急迫，会倾听——进而接受——你的方案。

（3）状态很稳定，能够直至交易执行完毕还是一个稳如磐石的公司。

记住，巴菲特之所以买下拥有 20 多家（是不是太多了一点儿——哈哈）公司的司各特费泽尔公司集团（这些公司的品牌也远没有达到家喻户晓的级别），并不是因为它规模庞大，而是因为这买卖各方面都适合自己去做。它给我们的启示就是，关注交易的内容本身，不要为客户的级别而交易。

巴菲特智慧结晶

金钱就是英雄，它不问出处

有的时候，你最好的交易可能就是你没做的交易。你的客户名单上缺了某些大牌，也许不无遗憾，可是金钱不问来处。衡量你商业成功的最好标尺，不是客户名单上的“名标”有多少，而是用“0”的数目。巴菲特就是这么一种思路。《哈佛商业评论》

曾经报道过巴菲特作为伯克希尔董事长撰写的1994年《致股东书》。在这封信里，巴菲特对追求大交易的心理中的虚荣心评点了一番。“几年前，我的一位朋友，某企业的首席执行官，无意中为我们‘呈现’了许多大级别交易中的病态心理（幽他一默，并无恶意——我必须强调一下）。他经营的是一家财产意外险保险公司，他正向自己的董事会解释自己为什么要并购某家人寿保险公司。他啰啰唆唆地说了一大堆，讲商业模式、讲本次并购的战略依据，听众似乎并不买账。于是他突然将稿子一扔。脸上露出淘气一笑，直白地说道：‘小伙伴们，其他小朋友都有一家人寿保险公司在手里玩。’”巴菲特的风格就是绝不“步人后尘”，人云亦云。他一辈子都在与“成见”作战。在交易中，他主张的是“忠于你自己”。要独立思考，不要陷入羊群思维。“做全世界最伟大的爱人而让人人都以为你是最糟的爱人，还是做全世界最坏的爱人而让人人都以为你是最好的爱人？”做好研究并不就万事大吉。“如果做好对过去历史的研究就能在这个游戏中带来成功，那么最富裕的就该是图书馆的管理员们。”

第5课 只与对方的交易决策者交易

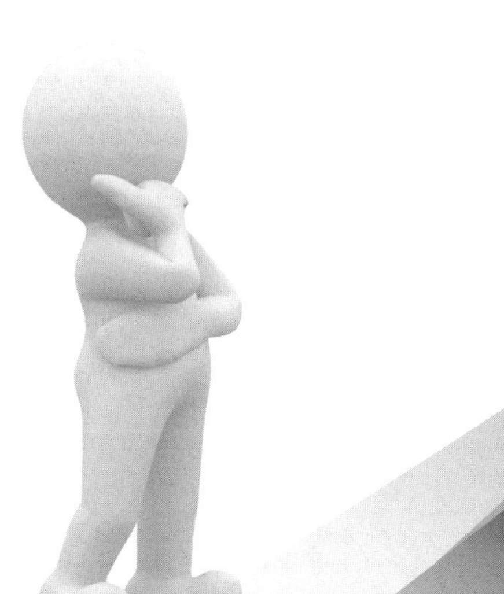

多丽丝·克里斯托弗做梦都没想到过，以一张寿险保单为抵押获得的3000美元借款，会最终引导她达成一笔超级交易，而且交易的对象是沃伦·巴菲特。

1980年，克里斯托弗34岁，住在伊利诺伊州。她开始琢磨如何既能待在家中照看分别为5岁和8岁的一对女儿，同时又能赚到钱。从她的个性讲，她非常热衷于在家中招待亲朋好友，她的朋友们经常在厨房就厨房用具向她咨询。从教育背景看，她曾就读于伊利诺伊大学，学习的就是家政。因此，她擅长寻觅和使用厨房用具。

销售厨房用具？听起来是个不错的主意。但是该怎么做？她不想开店，她说要搞“家庭派对营销”。她丈夫杰伊是一个企业的营销高管，对这主意很支持。他还建议她不妨重塑“直接营销”这个概念。

克里斯托弗精于厨艺，天生擅长教学。她决定实现这两项才艺的“资本价值”。她选定了她眼中最重要的家庭厨具，自命“宝厨”，推销这些厨具。她的做法是举办家庭厨艺秀，在真实的家庭厨房中搞厨艺演示，在演示过程中“展销”她心仪的厨具。

艾琳·斯普拉吉纳在其著作《财富榜上的小企业》中写道，到2002年，“她的公司还卖3.50美元一把的果蔬去皮器，年营收却达到了7.4亿美元”。

我们曾经说过，金钱的流向就是巴菲特的方向，于是他到了克里斯托弗家的门口。当然，实际过程中，是克里斯托弗女士先向他送了商业秋波，发出了一封邀请信（其间高盛也帮了点儿小忙），巴菲特欣然应邀。

她向他解释了宝厨的商业模式：公司的总部在伊利诺伊州的艾迪生，120万客户遍布全国，共有7.1万名独立销售代表（她们以“厨艺顾问”之名为客户所熟知），这些厨艺顾问通过家庭派对上的厨艺展示来推销产品——厨具。目前主要在美国营运。一次 10 个客人规模的派对，一般能卖出价值 1100 美元的厨具。一个“厨艺顾问”如果同意用其自己的家庭厨房开派对，招待朋友，可以收到 250 ~ 300 美元的厨具作为回报；要做“厨艺顾问”，必须支付 90 美元，获得一个“起步级”厨具包，其价值——公司的说法是——350 美元；厨艺顾问的销售佣金为 20%。如果她能招募其他人加入销售网络，她能获得这些人销售额 1% ~ 4% 的佣金。业绩优秀者可以享受周末度假，旅馆费用由公司支付。

宝厨此时已经成为全美国最大的厨具直销商，巴菲特与克里斯托弗达成交易，买下了宝厨。“沃伦真是聪明得像个外星人，对数字超级敏感，说话坦诚到极致，”克里斯托弗在 2012 年的伯克希尔股东大会上接受采访时如此说道。她说，在他给出的价格里，明显看出他对卓越的经理人给予很高估价。在讨论中，他也强调“人是成功的关键因素”。

交易对外宣布时，巴菲特表示：“宝厨让我们振奋、兴奋、亢奋。多丽丝·克里斯托弗完全从零开始，却建成了如此让人惊叹的企业。”

如果说宝厨是一道菜，那么这道菜里有什么成分让巴菲特喜欢上了它？首先，它没有负债，边际利润大，管理团队斗志很高，而且，全球范围内还有很大的市场没有征服。其商业概念也很简单，属于能让巴菲特很有感觉的类型。

宝厨的商业模式，就是让“厨艺顾问”们通过家庭派对销售去皮器、搅拌器之类的厨房用具。这种直销模式此前已经存在了数十年，主角是特百惠和玫琳凯。这种家庭派对当然得推销产品，但是客人们也会有副产品收获，如菜谱、厨具使用技巧、绝对家传的厨艺诀窍，等等。

《财富》杂志的报道说，克里斯托弗固然是一个事业辉煌的女商人，但让全美国觉得她更是一位善解人意的母亲。就这么个不像商人、更像一位母亲的女性，其公司从 1995 年到 2001 年，营收增长率为 232%，而整个行业的总营收增长率为 49%。公司到 2001 年为止还没有借过债，除了第一笔作为启动资金的 3000 美元，那是克里斯托弗和她丈夫以一张人寿保险的保单为抵押获得的借款。

这个游戏的“必杀技”就是找对交易者

如果你一直满足于把同等“组织水平”上的同规模公司的同类型人作为销售对象，你就不可能捕获你的下一笔巴菲特式大交易。从那些交易里，你已经获得了你能获得的一切。对你的巴菲特式大交易理想来说，你的潜在交易对象位处食物链的更高层级，有他们不同的课题。如果你立志达成巴菲特式大交易，你必须像你的潜在交易对象那样去思考。

巴菲特之道第 30 条

没有人是完美的

不要苛求自己完美，也不要期待你的交易对象是完美无瑕的。要心甘情愿地承认，你会时不时地出错。巴菲特曾说过：“我经常失误。而且我还会出现更多的失误。失误是整个交易的一部分。你要做的，只是确保你的业绩盖过你的失误。”

要达成巴菲特式大交易，首先你的目标公司存在着你能够解决的大问题，而这个公司内部，只有首席执行官或者其他高层人士，才会真正对这个问题有认识和思考，有计划和想法，有决策权，而你就必须向这样的人发声。这样的人握有更大的预算，更有空间，对整个公司更有影响力。

具体来说，他们可能是以下几类职位的人。

（1）经理。经理们将他们的供应商视为产品或者服务的提供者。他们基于决策的因素有：预算，与卖方合作的难易度，更换卖方所需花费的努力，卖方产品或服务是否相容于当前的营运。一个经理人的目标，就是在很少发生变动的前提下维持日常经营的顺利进行，可能的话，则对经营循序渐进地做出一些改进，而且是能让老板给自己加分的改进。经理们要解决的问题都围绕着价格、服务和质量。

（2）总监。总监级别的人思考系统与程序的改变，以图增加自己部门的产能，提高效率，提高速度。相比经理一级，他们对预算考虑得较少，对卖方的态度顾忌较少。他们的业绩测量标尺是数字，包括预算内和预算外的数字。他们要解决的问题是产出、生产能力和比率。

（3）高管。高管们（执行官级别）考虑的是改变市场份额、利润率与股价。这些思考驱动预算，也就是说，他们可以在预算外思考。高管们要解决的问题是营销速度、企业作为市场先行者的地位以及整体业绩影响。

真实故事，如假包退

某位我们认识的高管努力游说某著名女国会议员，要她支持拨款推动某项目，该项目能大幅度减少汽车的碳排放。他给出了需要的资金量：3 百万美元。

这位国会议员答道："我想你要的 30 亿美元没问题。"

这位高管笑了，纠正说："不对，不好意思。不过我说的是 3 百万美元，不是 30 亿美元。"

女议员起身说道："我怎么会参加这么一次见鬼的会面呢？"然后扬长而去。因为她知道，以她的级别，她能影响的是大项目，这种大项目的改变不可能由一笔 3 百万美元级别的投资来推动。这位高管的出击目标是经理级的，而他实际游说的对象是高管（执行官）级别的。大人物能管的是大问题，他们不会接受小方案。

案例研究：普利马力重工精密设备定制公司

要找准对方企业相关决策者所看重的问题，并不是一件易事。这里举一个例子，来自普利马力重工精密设备定制公司（以下简称普利马力）。这是一家在油田服务行业内有 15 年历史的设备工程与制造企业。它擅长解决制造工艺问题，这种工艺的精密与承受能力经常要达到医疗器械和飞船设施级别。让它驰名业内的是它能生产在极端恶劣环境下工作的设备。

例如，开发、生产能在海洋表面以下 2 英里并进而能再向地心推进 1 英里的过程中始终正常工作的精确时钟，环境温度为 300 华氏度，环境压力为 3500 磅 / 平方英寸，承受的震动强度可以在几秒钟内让你补的牙齿脱落。

很显然，在石油和汽油业的旺季，油田服务公司开动（包括租赁来的）大量设备进行勘探与开采，支出费用飙升，资产负债表上负债巨大。而普利马力有大量业务可做。

但是，淡季的情况则正好相反，油田服务公司的资产负债表上资产明显高于负债：太多设备，太多零部件，太多在制品。这样一来，普利马力重工业务量减少。

对于普利马力重工的销售潜在目标——油田服务公司的首席执行官们——来说，他们的资产负债表上过于剧烈的波动夸大了企业的不稳定性。于是，普利马力重工决定想办法来平滑这种波动，平衡其客户的资产负债表，进而也平衡它自己的资产负债表。财务报表问题是首席执行官级别的烦恼，通过为这种烦恼开发出解决方案，普利马力找到了它的巴菲特式大交易。

普利马力的解决方案如下：它与油田服务公司建立战略合作，为它们制造设备（它的主要业务），油田服务公司必须使用它的设备，作为合作回报，它买下对方的零部件库存和在制品。这样一来，它就能解决对方的资产负债波动问题。

石油开采市场景气时，普利马力公司可以以外包承接方式提供工程与制造服务，对于这家以精密制造能力出名的公司来说，它完全能满足这个高要求客户群的产品规格要求。市场景气走低时，普利马力重工可以通过购买把对方资产负债表上过多的库存消化掉（买掉），这样一来，客户的财务报表就非常好看，其本来“囚禁”在库存中的资本就脱了身，资本的腾挪就有了可能。

因为通过合约形式规定了这些零部件和在制品的所有权是与客户绑定的，普利马力重工的风险几乎为零，而它的战略合作价值对于它的客户来说却是非常高的。

这个方案为双方都平衡了市场波动。从各方面看，都是双赢的。只要你坚持一点，即你的首要交易进攻目标是对应问题的相关决策者，你就能找到这种符合潜在客户需求的解决方案。

巴菲特智慧结晶

只与全情投入的交易者做交易

坚持一点，即只与坚信自己的产品与服务的人做交易。巴菲特说道：“我要与我的客户坐在一起，不要坐在他的对面，中间隔着桌子。我自己半信不疑、自己不会使用的东西，我不会去卖。”

第6课

大交易的话语方式

“1991 年，我们做了一笔大交易，买下了 H.H. 布朗公司。这家企业的背后有一段有趣的历史，”在该年度的《致股东书》中巴菲特如此写道。

1927 年，一位 29 岁的商人雷·赫弗南以 1 万美元的价格，买下了马萨诸塞州北布鲁克菲尔德的 H.H. 布朗公司（以下简称布朗公司），从此以后 62 年不离不弃，亲自经营。1990 年年初，赫弗南退休时，布朗公司在美国有三家工厂，在加拿大有一家，雇员数量接近 2000，税前年利润为 2500 万美元。布朗公司（顺便提一下，这家公司与总部位于圣路易斯生产巴斯特布朗童鞋的布朗鞋业公司没有任何关系）当时已经是北美大陆工作用鞋与靴子制造行业的领军企业。

在此以前，赫弗南的一个女儿嫁给了弗兰克·鲁尼。两人的婚礼前夕，赫弗南曾经非常严厉地警告这位未来女婿，不要梦想着进入岳父大人的企业工作。

在巴菲特看来，这是赫弗南一辈子少数几个失误之一：鲁尼后来成为布朗公司竞争对手梅尔维尔鞋业公司的首席执行官，从 1964 年到 1986 年，他经营梅尔维尔 23 年，这个公司的资本权益回报率平均水平高于 20%，其股价（拆细后调整值）从 16 美元上涨到 960 美元。鲁尼退休几年后，患病倒下的赫弗南邀请他接手经营布朗公司。

1990 年赫弗南离世，家族决定将公司卖出。鲁尼把卖出布朗公司的任务交给了一个投资银行家。这位投资银行家犯了一个典型错误：他从没有想到要把巴菲特当作潜在买家。称其典型，有例为证：巴菲特曾经在一年时间里买入 4 家由投资银行家代理出手的公司，这其中有 3 例是巴菲特主动找到投资银行家才启动了交易的。

当时，鲁尼正好与约翰·卢米思打高尔夫，后者是巴菲特长期的朋友，伯克希尔·哈撒韦公司的股东，他一直很注意市场上是否存在巴菲特可能会感兴趣的交易。听说布朗公司要转手，卢米思告诉鲁尼说，如果他的公司能加入伯克希尔的商业帝国，也许适得其所。鲁尼此前也见过巴菲特，于是他毫不犹豫，立即打电话给巴菲特。

巴菲特后来回忆道："我立即想我们一定能达成一笔交易。果然，没过多久，交易就成了。"交易达成的密钥，是要以鲁尼的话语方式说话，并让他留下来继续经营公司。

巴菲特很了解鞋制造这个行业，很清楚这个行业存在的挑战。制造商不得不提供各种款式、各种型号的鞋，使得库存负担很重。巴菲特说，这种商业环境，只有像鲁尼这样杰出的经理人和赫弗南经营建立起来的集团公司才能成功应付，从而茁壮成长。但是，让巴菲特最为心动的，也许是公司的薪酬制度。

布朗公司的卓越品质之一，是它异乎寻常的薪酬制度，是我见识过的最独特者之一，它让我感觉很温暖：几个重要经理人的年薪每人为 7800 美元，加上当年度利润减去资本使用费后的一个既定百分点。这样一来，这些经理人真正是穿着自己公司的鞋[3]在营运，利益攸关。与此情况相反，企业界的大多数经理人说一套，做一套，采取的薪酬制度看起来有奖有罚，但实际上胡萝卜很长，大棒很短（而且从来不提权益资本的成本，好像它们都是免费的）。布朗公司的薪酬安排，其结果让公司和这些经理

---

[3] 这是一个双关语，these managers therefore truly stand in the shoes of their owners，这家公司以鞋业制造为主。

人皆大欢喜，而这样的好结果也在情理之中：很乐意对自己的能力押上重注的经理人，通常而言，确实有很多能力可以押。

巴菲特和鲁尼的对话围绕着如何创设一个“游戏”，公司这位现任首席执行官很愿意玩的“游戏”。

巴菲特写道：“我之所以对这宗并购如此关心，是因为弗兰克·鲁尼愿意留任首席执行官。与我们的绝大多数经理人一样，他继续工作并不是因为自己有财务上的需求，而是因为他喜欢这个游戏，喜欢在这个游戏中成为赢家。这种段位的经理人不能在常规意义上‘聘用’。我们必须做的是提供一个音乐厅，让商业艺术家们在这个厅里尽情表演。”

大交易的语言

通常来说，我们不会认为自己与目标客户之间会有什么语言障碍。如果你要捕猎的是一笔巴菲特式交易，语言问题必须小心应付。

为什么？理由有两个。

（1）你销售的方案所针对的问题比以往的大，这个问题属于你的潜在客户，而这个潜在客户比你既有的客户都大。

（2）你的游说对象的“级别”比以往高了一个或者多个档次，属于执行官（高管）级别。

以往你集中火力攻击的具体目标都有既定的预算限制，针对的是他们所需的商品和服务。在以往的营销模式中，你会走进他们的办公室，展开语言攻势，大意一般如下：“你们目前从我们的竞争对手那里购买 × 数量的 × × × 产品，这种产品你们应该从我们这里采购，因为我们的货质量比较好，价格相对低廉，我们的物流管理更有效，我们所提供的服务决不是我的竞争对手所能匹敌的。”

而且，你相比既有的所有竞争对手，都存在前瞻优势。

你成功地售出了产品或服务，依靠的大概是以下语言模式。

（1）你的产品或服务为销售目标公司带来的优势。

（2）缓解目标公司之痛。

（3）你的独有特征。

（4）你所采用方式的优越性。

（5）目标公司与原有供应方之间的问题。

（6）包含如下词语：质量、服务、产能、创新、保障以及及时交付。

所有这些，都是部门经理习惯听到的。在谈论服务、质量和价格时，所有人都似乎程序化了，你也如此。对于小交易而言，这些语言方式和内容都是恰当的。

而且你以往交易中有一个特征不能忽略：你的游说对象是部门经理，他的职责决定了他就是自己所在部门的“看门人”。部门经理的天职就是核查——反复核查——你所提供的解决方案是否包含你所夸耀的特征，以此验证你的方案是否有你所说的优势。如果他们不履行这样的查验，他们就会失去自己的职位。

但是现在的情况不一样，你确定自己比销售目标的交易者、交易决策者的级别高了一级，属于藏身 C 套房办公室 [4]（C-level suite）的那一类别。他们已经把服务、质量、价格等事务放权给了部门经理，对相关这些主题的语言没有兴趣倾听。

---

[4] C-level suite，也叫 C-suite，指首席执行官（Chief Executive Officers）、首席财务官（Chief Financial Officer）等级别及其办公室，C 取自 Chief。

巴菲特之道第 14 条

掌握会计语言

“当经理人要陈述商业事实时，常常可在会计规则内进行。不幸的是，当他们想玩游戏时——至少在某些行业中——也可以在会计规则内进行。”

金钱、时间与风险

大级别的交易对象，想听到的是金钱、时间和风险。这些词语是大交易语言的一部分。

你现在所刻意追求的是与另一类对象之间的另一类交易。因此，适用的语言是另一类的。

这倒不是说，你每说两句话，其中都要有一句提到这三个关键词：金钱、时间和风险。而是意味着：你必须把对你的方案的描述进行一番“翻译”，翻译所用的语汇能够向你的进攻对象传递方案中最能吸引人的信息。具体来说，你应该这样思考和实战。

当你提到你们产品和服务的质量时，你真正所指的是什么？如果你谈的就是你们辛苦赢得的种种资质证明，尽管它们十分重要，却并不是执行官级别的高管心里想听到的。

并非他们不在乎质量。他们当然关注质量。但是，他们是高了一个甚至多个级别的管理者，他们对质量的关注是以不同的形式来体现的。

对于这些高层管理者来说，优质、高质究竟意味着什么？从他们的视角来看，如果他们与你达成交易，使用了你们的高质量产品，他们得到了什么？

金钱

（1）他们的客户回头率增加，重复性购买增加。

（2）生产中报废量与浪费量减少。

（3）有“资本”可以让产品或服务定价高于他们的竞争对手。

时间

（1）信赖你们，相信你们会按时供货（提供服务）。

（2）减少处理客户投诉的时间。

（3）可以向他们的客户承诺提供更快捷的安装，等等。

风险

（1）他们不按时供货（提供服务）的风险减少。

（2）他们的产品或服务出现非正常状况的风险减少。

（3）他们的客户对他们的信心提升。

对这些藏身 C 套房办公室的高管，你必须针对他们关注的问题提供方案，还要在这个方案中强调甚至量化给对方带来的种种优势。陈述、描述你们产品或服务的高质量并不能触动他们，针对这些高级执行官，你要把这些质量特点“翻译”成金钱、时间与风险语汇，这能将你的阵线强劲地往前推进一步，让你更有机会捕猎你的巴菲特式大交易。

案例研究：数码蓝色星球公司

在本例中，公司渴望发展，于是其销售人员将游说目标推高了一个级别，使用了不同的语言，成功地捕获了巴菲特式大交易。

这家公司就是我们的客户之一——数码蓝色星球公司，他们的主营业务是举办活动，服务对象常常有出版商、行业联合会、多层次营销者。在以往的营运中，这家公司的游说对象只是活动策划人。那么，活动策划人最感兴趣的是哪些元素呢?

（1）日期。

（2）时间。

（3）地点。

（4）劳动成本与物资成本。

（5）平安无事。

对于活动策划者来说，任何一次活动的轮廓（参数）都是很明确、很具体的：在规定的日期、规定时间，在某个选定的地点，花上一定数量的金钱，其预算是明确的。活动结束后，一切也就结束了。

活动策划者对所在单位的其他重要的问题没有兴趣。他们所干的事完全局限在他们的职位所划定的范围内：安排活动（Event planner）。

然而，数码蓝色星球公司已经不能满足于仅仅安排活动。它能为自己的客户提供更多利益，它有这个“产能”，它带给客户的额外利益都可以用金钱、时间和风险语言来表述。活动前的数码广告和宣传是其“产能”之一。另一个“产能”则是在活动结束后“跟踪”活动参加者，评估他们对活动赞助商的兴趣，并且维持这个兴趣的“活性”。他们能够在网上提供视频，音频格式的可持续内容，销售其产品，或者进行促销宣传。数码蓝色星球公司也可以通过数码内容的宣传管理来提供客户公司与活动参加者之间的持续性关系，通过这种关系，即使在活动过去几个月后，还能在活动参加者与活动的演讲者、活动宣传的概念、理念之间重建联系。

因此，他们决定作出以下改变。

（1）他们推销的东西。从以往的举办单一活动转向建立与活动参加者的长期关系。

（2）他们推销的对象。将游说目标从活动策划人转向高级别的管理者。

（3）他们使用的语言。他们将游说语言从专注于讨论单一活动的具体事项转向专注于讨论金钱、时间和风险。

金钱

- 通过活动前广告与促销来增加活动的参加者数量。
- 通过活动后追踪调查来建立客户与参加者的长期关系，为日后增加营收带来巨大潜能。
- 可提供在活动期间制作的相关音频与视频。

时间

- 活动后的追踪调查从活动一结束就已经开始，此时活动的刺激还留在参加者的心里，新鲜度很高。
- 实时、即时音视频制作将这种刺激与金钱联系在一起，在冲动购买中能发挥这种刺激的作用。

风险

- 数据库保密，只与客户公司分享，外人无权进入。
- 无瑕疵的执行保障，让活动从一次普通的“会议”、“聚会”变成一次重要的体验。

数码蓝色星球公司目前仍然是单项活动举办的高手，但它已经不再局限于此。

相反，它现在销售的是针对目标客户的一揽子高价值打包服务——活动前宣传，活动的举办，活动后跟踪服务。对于数码蓝色星球公司的目标客户而言，这三个元素的结合是最有价值的。为此，它们愿意支付的交易金额大大高于单项活动的举办费用。

把思考聚焦于你所推销产品或服务的优势上，在清晰定义这种优势以后再来琢磨客户是否有资金来购买你的产品或服务。

客户经常用来打发销售人员的一句口头禅是“今年的预算中没有包含这个支出”。可悲的是，在大多数情况下，销售人员听到这句话后就会气馁却步，直接放弃。因为他们明白，要为这个项目专门制定预算并且让它通过绝非易事。要想改变一个公司的既有预算计划，只有一个途径，让这次活动变身为一个重大、重要活动。

对于立志并有能力捕猎大交易的销售人员来说，预算并不是问题。因为预算是为常规交易而设的。预算的制定者脑子里只有数字，他们习惯于用今年的数字为指引，来解读下一年的机会，这也就意味着放弃许多机会。

对于追逐巴菲特式交易的你来说，你的方案通常不是对方公司预算表上的任何一行、任何一项所能直接体现出来的。

假如你卖的是文件夹子，预算表上当然能包括——这一项是“办公用品”。

假如你公司设计出一个办公用品供应链管理系统，能够总体上减少办公用品支出，帮助企业加强成本控制，消灭浪费，对方的预算表中基本中就不会有对应的项目。因为预算表中还是习惯性的那一项：“办公用品。”

如果目标公司的最大问题之一就是成本与浪费，而且公司已经把两者的压缩作为重要事项来抓，那么你公司的该项管理系统就是完美的解决方案。此时，如果你将你的解决方案呈现给对方，对方就能找到购买这个解决方案的资金，而这个资金可能就是预算外的，并不受限于既定预算。

为什么？因为对方的决策者看到了其中的价值，而他愿意为价值埋单。

巴菲特智慧结晶

简约为美

在交易中追求简约。不要把协议搞得过于复杂。“商学院的老师喜欢艰深与复杂，但现实世界中，简约最有效。”交易不该艰涩。“人性中好像有些变态的东西，因为这些东西，人们喜欢把简单的事情搞得艰涩无比。”巴菲特非常强调：交易中不要有任何勉强为之的东西。“机会来了，才应该出击。我这辈子，有时候会遭遇‘机会雨季’，有时候遭受长期的‘机会旱季’。如果来了好想法，我就会行动。如果没有，我就休眠。”每一笔交易都应该事先落笔成文，让它经受文字的拷问。“为什么要干这个？为什么要做这项投资？把答案写下来，写到纸上。如果你的答案无法用文字写下来，那么你必须就此问题进一步做更认真的思考。如果对为什么要做这笔交易你写不出清晰明了的答案，你就必须停止这笔交易。”

应该选择何种交易对象？“我要的企业是那种傻瓜在那里干活也能赚钱的公司，”巴菲特在 1988 年对《财富》杂志如此说。巴菲特的忠告是：不要让交易目标超出你的把握能力。他说道：“我不会尝试跨越一道7英尺高的栏，我会四下张望，寻找我能轻松跨越的1英尺高的栏。”

第7课 扫清障碍

2003 年，巴菲特采纳了几位工商管理学硕士生的建议，买入预制房制造与销售的克莱顿住房制造公司，每股股价 12.50 美元，总价 17 亿美元，可谓天文数字。克莱顿公司当时经营着 32 家制造厂，分布在美国 12 个州，客户分布在 48 个州，销售网络由 1540 个零售店构成，其中 391 家为公司自有的销售中心。

但是这笔交易从启动到最终达成并不是一路坦途。为扫清交易的障碍，巴菲特不得不付出巨大的努力。据《快速成长公司》（*Fast Company*）的报道，2004 年，这笔并购交易很快招致股东诉讼，指控存在“自买自卖，滥用控股权，信息告知不够清楚”等问题。实际上，当时的预制房产业正处于数十年来最糟糕的疲软阶段，而且巴菲特的并购价高出当时的股价 12.3%。尽管如此，部分股东还是觉得有问题。

巴菲特历来注重价值投资，也许正是这一点让这些股东心生疑虑。有个诉讼的股东坦陈，巴菲特愿意并购这家企业本身就是充分证据，表明这个价格偏低。

克莱顿住房制造公司的并购交易最终还是获得股东批准，只是溢价率提高至 52.3%，一个很低的溢价。

在进行这笔交易的过程中，吉姆·克莱顿因其把公司培育壮大然后卖出的行为，受尽公众褒贬，有致敬，也有嘲讽。巴菲特欣赏克莱顿白手起家，把公司从无到有、培育壮大的不凡历程，但他明白，克莱顿已经完成使命，公司未来的成功需要其子凯文·克莱顿来打造。巴菲特之所以进行这笔交易，是因为他喜欢克莱顿公司里这位新的“建筑大师（Master Builder）”。

巴菲特承认他的很多生意来得都有些古怪。但是，最古怪的当属这宗交易，这宗对家族企业的并购。

不可思议的是，这宗交易的背后“设计师”是田纳西大学的一群商学院学生和他们的教师阿尔·奥克西尔博士。在此前的 5 年中，奥克西尔教授经常带着他的工商管理学硕士研究生来到奥马哈市，参观巴菲特的一些控股公司，如内布拉斯加家具商城、博西姆斯商店等，然后与巴菲特本人进行一场讨论。

参加这种讨论会的学生人数一般为 40 名。两个小时的问答交流后，这个班级按惯例会向巴菲特赠送一个礼物致谢。在此以前的几年中，这种礼物通常为来自他们大学的签名美式足球或者其他体育运动纪念品。

但是这一次他收到的是完全不同类型的一个礼物。巴菲特代表伯克希尔哈撒韦公司所写的 2003 年《致股东书》中对这个礼物作了叙述。

今年 2 月，这群学生选择了一本书，让我庆幸的是，这是克莱顿住房制造公司的创始人吉姆·克莱顿新出的自传。对这家企业我此前已有了解，据说是预制房行业中的标杆企业。但为了获取这个信息，我付出了代价。因为我此前买下了这个行业中的最大企业——橡树林住房制造公司（Oakwood Homes），并陷入了它的垃圾债务之中。买入这家企业时，我并不明白，在整个预制房行业中依赖消费者金融支持的商业模式已经变得非常危险。因为这种无知，教训很快就到来：橡树林住房制造公司迅速破产。但是，应该强调一点，预制房产业本可以对住房购买带来非常积极的影响。实际上，在过去的数十年中，这个行业只占到全美住房建造量的 15%。

吉姆·克莱顿的自传取名《以梦想起步》。收到这本书时，巴菲特告诉这些学生，他非常欣赏这家公司的辉煌历史，并让他们将这个意思带回诺克斯维尔，这是田纳西大学的所在城市，也是克莱顿住房制造公司总部所在地。那位教授随即建议巴菲特打电话给凯文·克莱顿——吉姆的儿子，公司的现任首席执行官，直接向他表达自己的观点。

巴菲特日后回忆道："我跟凯文通了话，随着谈话的进行，我越来越觉得这位首席执行官既能干又正直。此后不久，我就发出了购买这家企业的交易邀约，决策的依据就是：吉姆的这本自传；我对凯文的欣赏；克莱顿公开的财务数据；我从橡树林住房制造公司并购中学习到的经验教训。克莱顿公司的董事会对我的邀约持欢迎态度，因为他们都很明白，公司未来发展对大规模融资的需求可能很难得到满足（因此他们需要我的资金）。"

以上是这次交易的公开信息，而幕后的过程，其色调与此有点儿不同。据《私募股权》杂志的报道，这些学生向巴菲特提出收购建议并非一时心血来潮，而是因为公司创始人吉姆·克莱顿的建议而演出的一幕戏，而那位教授是这幕戏的同谋。文章说道："很显然，克莱顿先生'虽然富甲一方但现金相对匮乏'，正因为如此，他寻求外部的正当收购。"

两周以后，这笔交易谈成了。巴菲特对媒体说："我还没有亲眼见过它，我在电话里就把它买下了。"

巴菲特对田纳西大学那群工商管理学硕士的这份致谢礼物心存感激。他在2007年伯克希尔哈撒韦公司的《致股东书》中写道：

对那些学生呢？10月份的时候我们在诺克斯维尔为激发我对克莱顿住房制造公司收购兴趣的40名学生举办了一个"毕业"典礼，一次惊喜派对。我自己戴上了灰泥板顶的学位帽，向每位学生颁发了伯克希尔的博士学位证书（通常用来表彰杰出而勤勉的交易达人），并赠送伯克希尔的 B 股 1 股。阿尔·奥克西尔教授获赠一股 A 股。如果在本次股东大会上遇到了这些新股东中某些人，请别忘了致谢。还要问问他们最近是否又读到了什么好书没有。

今天的克莱顿住房制造公司拥有 1.2 万名员工，已经成为全美国最大的预制房零售商。它的预制房和标准化住房部件生产厂家已经达到 35 家，其销售网络由 1500 多家“住房中心”构成。除此以外，克莱顿住房制造公司还有多家下属企业，专门提供住房金融服务、贷款服务和保险业务。

你的交易之路将会如何崎岖？

通向最终完成交易的路径鲜有坦途。如果你的下一笔巴菲特式交易是一笔真正的大交易，它可能要求对方的企业经历一场结构性重大调整，或者要求其直面并处理其他性质的某个重大议题。你的目标公司可能就此被恐惧包围。对方可能对你的想法很“欢喜”，但恐惧又会将这种“欢喜”抹去。因此，你必须想到这种恐惧，对这种恐惧准备好应对之策。

对于你的目标公司来说，它日后必将为其决策作出解释和辩护，而你要为这种解释和辩护事先提供“工具”。目标公司既兴奋又不敢毅然决断，常常只是因为恐惧。在整个商谈过程中，这种恐惧常常体现为他们脑海里的对话。

脑海里的对话？对，因为很多话不会直接表述出来，但是在你陈述之时，他们的脑海里也开起了激烈的“内部会议”。在他们的脑海里，已经是三个月之后了，他们此时正受到挑战，发出挑战的可能是你从未见过的某人，挑战的核心内容就是对本次购买决策的质疑。“到底为啥要买下 XYZ？为什么要将原来的系统换成现在这个新系统？你到底明不明白这已经给我们部门带来了很多麻烦？它增加的额外支出究竟有多大？”

巴菲特之道第 29 条

为前方的险途做好规划

巴菲特常说：“商路上总是布满了坑坑洼洼，如果你的规划决意避开每一个坑洞，这个规划就是一个灾难性失败。”

在很多案例中，人们在推销时首先竭力让对方理解其推销内容——一个产品、一种服务或者一个总体方案。他们做起了教育和扫盲工作。他们将很多时间花在细节上，以便目标客户彻底明白，准确理解。

问题是，目标客户之所以买下某个产品或服务，不只是因为他们理解了。在你的销售生涯中，你是不是经常听到过这样一句话：“对，我理解你说的东西，但是我们公司的情况不太一样。”

做好“教育工作”后，潜在供货方又开始竭力劝说目标客户信奉这个产品或者服务。这时候的语言方式就更加激情洋溢了：“请相信我告诉你的一切。”于是“劝导工作”开始了。

问题是，潜在客户之所以决定购买，不只是因为他们信奉这个特定产品或者服务。“对，我明白你的意思，我也相信你，但是 ××× 不会接受。”

让你的目标客户犹豫不决的是：日后他们如何在公司内部“推

销”自己的购买决策，并为之辩护？

对于你的目标客户来说，理解并且信奉你的产品或者服务是必需的，但还不够。他们必须能够向某个不为你所知、从未见过的某人或者某些人清晰地解释：他们为什么作出了这个特定决策。你必须“培训”你的目标客户，把他们的脑子“装备”起来，确保他们日后作出一个恰当而有效的辩护。

舒尔包装系统公司的丹·肯珀对现实场景中的这类情况有深刻的研究：

我们有个客户考虑要选择我们，抛弃原先他们已经在用的一个供应商。你可以想象，在他们的董事会议上会出现如下对话：“好吧。我就开门见山吧。你们不久还与 × 供应商合作，现在为这个新项目，又要选择另外一家，而且这一家是你们从来没有合作过的，是不是？请直白地告诉我为什么要这么做？为什么要冒这个险？而且价格还要比原来的贵。你们如何解释？”

啊，多想变成一只苍蝇，贴在会议室的墙上，听听那样的对话。

你看，他们确实选择了我们，但是不能高兴得太早，首先要消除他们心头的恐惧。

工具总动员

对目标客户的培训与“装备”，就是向他们提供“工具(Tool)”，让他们可以用来为自己辩护，雄辩地证明选择你们作为供应商是个明智的决策。俗语说：一图胜千言。这里有两个例子来为这句俗语做注解。

（1）项目进程与安全性“指示器”。如果在类似项目中，你们公司始终做到了按时甚至提前完成，那么你们必须开发一个工具出来，显示你们的这个记录。可以做一张图，列出类似项目，标示出计划完成时间和实际完成时间。如果你是一个建筑公司，说不定你也可以在图上显示多少天无工伤事故，多少时间无延误记录。这些都会有用。

（2）程序图。另一类常用工具是视效图（Visual），直观地显示你们独特的工作程序和步骤，以此表明你们完全能够快速、高效、出色地完成项目。这个工具创造出一种透明度，显示了你们另一个独特优势。

小贴士

给你的工具命名

如果你开发了帮助目标客户日后交易决策进行辩护的工具，一定要给这些工具“命名”。命名字不用花很多时间，名字也不用太花哨。如果你送上一个无名的工具，给人的感觉是你们企业的工作程序有点不完善。有了名字，这个工具就有了身份，有了重量，给人感觉有来历、有历史。即使一个很简单的名字，如“平滑过渡的尖峰模式”（Apex Method for Smooth Transition）这样一个朴实的名字，也会让你的这个工具看起来很重要。这个工具有可能是你昨天才炮制出来的，这个工具有可能就是专门为本次的这个项目而捣鼓出来的，这都不重要，重要的是，它的名字让这个工具听起来像是你们长期坚持的商业模式的有机部分。这样做的效果，当然是舒缓对方的忧惧。

创设了这样的工具以后，你让你的目标客户勇敢地站起来，告诉董事会："不错，我有充分的理由选择这家供应商。我来给你证明一下。在我们既往的客户中，有哪一家把工作做得这么有条理、有章法的？"你应该提供后援的，正是这类讨论。

不要把你的销售演示会限制在"教育"与"劝导"目标公司。即使他们确定接受你们的方案，"教育"与"劝导"也不足以提供他们所需的"弹药"。他们也许充分了解了你们的产品或服务，对你们推销的东西深信不疑，但此时你们的战役还没有取得最后胜利，不要过早地在此时认为本次销售已经敲定。

推销一个产品或一项服务是一回事，推销一个能解决对方重大问题的方案，是另外一回事。从前者向后者转型，是一个复杂、艰难的过程。但是，你必须实现这样一个转型，这样一个"换挡"——如果你渴望实现你梦想中的巴菲特式交易的话。

巴菲特智慧结晶

要聪明，不要小聪明

巴菲特的大多数交易都有简朴之美，都尽可能地减少复杂性。在典型情况中，整个交易的条款可以在一页、两页纸中清楚明白地写出来。他信奉与值得信任的人交易，而不是靠 50 页长的滴水不漏的合约来保障自己的安全。他坚信，建立名声需要一辈子，毁掉名声只在一瞬时。诚实之名也许是你在交易中用得上的最大资产。

第8课

『抓』住心仪的交易对象

巴尼特·赫尔兹伯格以一种最异乎寻常的方式“抓住”了他梦寐以求的交易对象。

赫尔兹伯格是赫尔兹伯格钻石商店的所有人兼经营者，他说：“对于我的这个家族企业，我一直以来最心仪的买家是沃伦·巴菲特。因为我明白我们可以信赖他，相信他会把公司总部继续留在堪萨斯城，会维持公司的品格，会让我们所有的商业伙伴们保住他们的职位。如果我们一心只想卖个高价，卖给出价最高的买方，事情当然要简单得多，但这种想法并不可取，这就像自己要做个脑手术，选择医生时不是考虑才华与声誉，而是简单地找个价钱最低的大夫。”

而巴菲特这边呢，他热爱珠宝——不是他喜欢戴珠宝，而是喜欢拥有珠宝企业。对这一点，赫尔兹伯格是心知肚明的。在纽约城街头偶然碰见巴菲特时，他立即想到的也是巴菲特的珠宝情结。

“1994年一个阳光明媚的上午，我走在58街和第5大道交叉口附近，经过广场饭店时，听到有人大声叫出了巴菲特的名字。我转头寻找声音传来的方向，看到一位女性，穿着鲜艳的红色裙子，她在人行道上挡住了巴菲特的去向，与他友好地交谈起来。巴菲特当时穿着一套普通的（非定制）西服，很耐心地听着这位女性讲话。事后表明，这位女性也是巴菲特的商业帝国旗舰伯克希尔的一名小股东。”

当时的赫尔兹伯格，持有伯克希尔股票4股，股价“只有”20000美元一股（到2012年时，股价达到了120000美元以上）。他在伯克希尔的年度股东大会上见过巴菲特，所以一眼认出来了。他走上去，与巴菲特进行了决定命运的30秒钟对话。

忙碌的纽约人一个个从他们身边经过。赫尔兹伯格告诉这位全球最伟大的交易达人：为什么他认为巴菲特应该买入这家属于赫尔兹伯格家族、总部位于密苏里州堪萨斯城、已经有了 79 年历史的老珠宝店。

“我相信我们的公司符合你的投资标准，”赫尔兹伯格说道。对此提议，巴菲特的回答很简洁：“把信息发给我。我们会保密。”

在巴菲特的一封《致股东书》中，他是这样回忆那次邂逅的。

在我们几分钟的交谈中，巴尼特说他有一家我们可能会感兴趣的企业。这话我常听人说过，结果通常是指一家卖柠檬水的售货摊，当然是有巨大潜力的、能很快成长为下一个微软的售货摊。所以我简单地回答巴尼特，让他把具体情况发送给我。我以为这事情就到此为止了。没想到，不久以后，巴尼特向我寄来赫尔兹伯格钻石商店的财务报表。这家公司起步于一家堪萨斯城的小店铺，是他祖父 1915 年开张的，而到我们两人邂逅时，这家小店铺已经发展为一个集团企业，名下有 134 家门店，分布在 23 个州。从 1974 年到 1984 年，它们的销售总额从 1 千万美元上升到了 5.3 千万美元，到 1994 年，上升到了 2.82 亿美元。原来，他跟我说的不是一间柠檬水销售亭。

巴菲特很快就对对方与他的钱袋子（wallet）之间的关系有了很好的了解。赫尔兹伯格此时年满 60，钟爱自己的企业，但又不想将自己羁绊在企业中，想着享受自由。他这个努力早在 1988 年就有所体现，当时他将杰夫·康芒特延聘入“府”，请他帮助自己打理企业。后者此前曾是沃纳梅克氏百货公司（Wanamaker’s）的总裁。

巴菲特当然也很快领会了赫尔兹伯格的赚钱公式。“赫尔兹伯格的每一家商店，平均年销售额为2百万美元，远远超过了竞争对手同规模商店的业绩，”巴菲特回忆道，“各家商店都有如此优异‘产能’，是赫尔兹伯格钻石商店高利润率的关键。”

巴菲特敏锐地看出，交易的另一方将手中的企业真正视同珍宝，而这个宝贝所处的环境——珠宝业——却是一个残酷竞争、风云变幻的行业，于是觉得，应该把家族的资产进行“多元化”，以策万全。赫尔兹伯格后来有这样的交代：

“个人感情上，我反对扩大企业规模，因为企业一多，我就不可能和旗下每一家商店的每一个经理都密切得像朋友一样了，”赫尔兹伯格在他的回忆录《我在把公司卖给沃伦·巴菲特以前学到了什么》中写道，“但我们的企业早已经成长，已经壮大到过了这个‘点’，而且我们还在成长。我们无意于上市变成公众公司，一旦变成公众公司，你就会承受种种不正常压力，从而对季报赢利的关注、对股价的关注，超过对企业长期营运前景和我们的商业伙伴们的休戚的关注。我们当然也不想让某些金融屠夫把这个珍宝切成几块，然后一块块卖出去。我也不想让我的商业伙伴们对我的坟墓吐唾沫。”

在当年度的《致股东书》中，巴菲特对这笔交易做了总结，并强调企业拥有一个好的管理团队对成功达成这次交易至关重要。

伯克希尔可谓是为他‘定制’的公司。我们双方最初在价格上一时谈不拢，但我内心一直坚信两点：赫尔兹伯格钻石商店正属于我们应该拥有的珠宝公司；杰夫属于我们要的珠宝行业的经理人。事实上，如果不是杰夫经营着这家企业，我们不会买下它。买下一家没有优秀管理团队的零售企业，就像买下没有电梯的埃菲尔铁塔。

在典型情况中，巴菲特都是以现金买下他看中的企业，但是对赫尔兹伯格的并购是个特例。1995 年，伯克希尔哈撒韦公司以免税换股方式完成了对赫尔兹伯格的并购。巴菲特说，这是赫尔兹伯格唯一愿意考虑的交易方式。巴菲特还注意到，赫尔兹伯格本人从本次交易的获益中拿出相当一部分分给他的商业伙伴们，尽管他在法律上、道义上对他的商业伙伴们没有这种义务。“当某个人表现出如此义气时，你知道作为一个买方你也不会吃亏。”

在本案例中，巴菲特对交易对象与他的企业之间的关系的理解有多透？在赫尔兹伯格看来，巴菲特的理解可谓非常透彻。

如何打动大交易对象的决策者

对于巴菲特来说，要找到对方的交易决策者当然不会有困难。如果你还没有赚到你的第一个10亿美元，那么你不会有那么顺利。

巴菲特之道第 47 条

一辈子做好几笔正确的交易就行

“你一辈子只需要做好几件正确的事就能活得很出彩了，但前提是你没做过太多错误的事。”

你需要的是一个内部支持者。在对方企业内部“发展”这样一个支持者并非难事，尽管有的时候它也不是轻易就能办成的。我们在这里介绍一种我们的许多客户经常使用的办法。

在你开始在对方公司内部“发展关系”之前，首先你要仔细斟酌究竟该说什么样的话，然后对这些正确的“台词”做到非常熟稔。让我和我的小伙伴们非常惊讶、困惑不解的是，我们发现有太多的人在给对方写邮件或者在按下电话拨号键之前，并没有严格地琢磨过他们接下来要说的或者要写的话。其结果就是，他们纷纷铩羽而归。

因此，我们今天的课程先从你的“台词”开始。我们将找到准确台词的步骤称为“三·三法”（The Triples）。

第 1 个三：确定目标公司亟待解决的三个问题

到了现在，我们假定你已经非常清楚，自己的公司究竟能为你的客户们解决什么样的问题。如果你还没有完全搞清楚这些问题，那一定要花点儿时间将这些问题写下来，而且将这些问题“翻译”成金钱、时间与风险。

目标公司内部的潜在支持者愿意听的就是这种语言，以金钱、时间与风险为基本构成元素的语言。

下面我们举一例，来完美地阐释如何“靠近”这些问题，如何开始交流。

假定你公司是暖通与空调以及能源成本节约技术方面的专业公司，主要面向 15 万平方英尺以上面积的全国性大型零售商。被你锁定为你的下一笔巴菲特式交易对象的公司决定在下一个年度中采取一系列重大行动，其中如下三个将会获得最大的投入。

（1）下一个年度内，压缩整体能源支出 10% 以上。

（2）获得管控部门对其“绿色”行动的认可，获得税收优惠激励。

（3）提高先进绿色设施安装率的百分比。

我们现在细述一下你们公司目前已经进行到了哪一步。

你已经确定了你的业务性质，确定了你的销售对象。你还拟定了针对目标公司的重大行动计划。你已经完美地把你要解决的大问题与目标公司最大的议题对接了起来。

第 2 个三：你的三节式解决方案

你现在需要考虑的是具体怎么做，怎么样解决那些问题。当然，作为公司你们早已经找到了解决这些问题的方案，属于你们公司独有的方案。现在要做的是重新表述这个（些）方案，使之直接针对你确定的那三个问题。你们在公司内部早已经清晰“定义”了你们的价值之所在，你们也以不同方式将这个价值“换算”成了具体的货币数量。

但是，通用的商业语汇，如改进、改善、大变化等，都不够诱人，不能吸引眼球。因此，你必须演算出实在的数字、效益改进关键点，并且用你在对象公司的行动计划中发现的“目标语汇”（Goal wording）来表述你所提供的解决方案的效果。例如：

（1）第一季度实现 25 万美元的直接能源节省价值；

（2）因绿色行动获得 50 万美元的税收减免；

（3）采暖空调方面实现 97% 绿色安装，领先于社会要求。

数字很具体，通过这些具体的数字，你毫不含糊地做出了对你的方案所能实现的具体结果的许诺，让对方心里有一本明白的账可以查看。至此，你已经完成了第 2 个“三”。

第 3 个三：你的三个推荐人

第 3 个三是确定至少三名推荐人，他们都曾经使用过你的产品或者服务，并取得了类似于你在方案中所述的成效。

这是个敏感的问题，你必须仔细斟酌，反复衡量，有时是因为你与有的客户签有保密协议或者内部协议等，也有时，你的客户根本不希望你向他们的竞争对手提到他们，怕招致竞争者的特别“关照”。一方面我们要提醒你慎重行事，另一方面，我们要强调：要获得目标客户对你的特别关注，最有效的办法就是告诉他们，与他们相似的企业中有多家已经成为你的客户。

我们明白，你此前还没有做过这种等级的交易，但是你们当然卖出过自己的产品或者服务，你的客户中必然有人会基于他们的了解愿意为你提供热情推荐。让你的各个推荐人各就一个专门领域提供推荐意见，如某人可以就他所了解的你公司善于为客户节约费用这个事实多作介绍（金钱问题），让另一个推荐人强调你能如何快速地完成任务（时间问题），第三个推荐人可以提请你的客户注意你优异的安全与生产记录，证明你有能力按期或者提前完成合约（风险问题）。

尽管本次交易对你来说是史无前例的，但这个交易的各个方面并非如此，你的推荐人对这些单个方面有发言权。必须记住让推荐人把你的有关特征与能力“翻译”成金钱、时间和风险语汇。

这样一来，你就完成了所有这 3 个三的准备，它们分别是：

（1）目标客户亟待解决的三个问题；

（2）你能提供的三个方案或者三个结果；

（3）三个推荐人为你的能力作证。

当你确定了目标公司的内部支持者候选人，并着手与对方开始交流之时，这 3 个三就是攻城利器。理由很明白：你所谈论的议题正是对方为自己公司发展所确定的议题。当你历数你能为对方带来的改变时，你使用的金钱、时间与风险语汇构成了吸引力。而且，你告诉他们：与他们具有某些相似性的企业曾经或者正在与你们公司展开合作，而且真真切切地从这些合作中获得了积极效果。

这种信息一旦发出，对方必然会作出反应，并且愿意听你作一番细述。

你的使命不是发现对方病痛

在你的整个销售生涯中，也许一直被教导说：你工作的关键在于发现目标公司的“病痛”。按这种观点看来，你应该先跟对方进行对话，建立融洽的关系，然后专注于发现对方公司的病痛所在。这种思路对你一心要捕猎的巴菲特式大交易来说，完全不对头。事实是，如果是配得上你的巴菲特式大交易的公司，对方有理由认为你对他们的问题已经有了相关的、有价值的理解，所以，他们愿意双方坐下来就本公司的大背景立即开始讨论。正因为如此，我们强调，你在接触他们以前就应该已经确定他们的三个主要问题，以及他们的相关期待。

传统智慧教你，你应该恳求对方“拔冗赐见”，以便“我增加对你们的了解，看看我们是否存在合作的可能”。但听到这种要求对方肯定懒得搭理，因为你的口气听起来就是一个没劲的推销员，而不是一个高价值方案提供者，你要为他们解决的问题在业内不算什么秘密，真正的业内人士不会在这时才发现问题的存在。

与目标公司内支持者的初步接触

现在我们直接讨论你与你在对方公司内部所选定的支持者的实际接触。这个过程分 10 个步骤。在最初的三次电话试探之后，你可以决定是继续追击还是就此止步。不管是何种决定，都是你自己的决定。

初次接触的最好途径还是电话。当今社会中，社交媒体也能为你带来“通道”，但是，目前这个阶段，电话很可能仍然是较好的入口。你很有可能通过语音信箱与对方取得联系。因此，我们拟定了语音邮件的脚本供你参考。当然你应该根据你自己的具体情况做出“改编”。

第 1 步：第一个电话

在对方电话上留下的第一份语音邮件中，你应该简明地提出你们公司能够解决的那三个问题。不要留下电话号码或者电子邮件地址。通过严格履行你的诺言，你就能一步步确立对方对你的信任。

在第一个电话中，你简明扼要地提出你们公司所能解决的那三个问题。

要这样说：

你好！我是 XYZ 公司的 ×××。我们公司专营暖通与空调，是能源成本节约技术方面的专业公司，主要面向 15 万平方英尺以上面积的全国性大型零售商店。

我们为贵公司这样的企业提供专业服务，我们的这些客户目前都有以下目标：压缩整体能源支出 10% 以上；获得管控部门对其“绿色”暖通空调方案的认可，获得税收优惠激励；定制新设备、改造旧设备，使得公司暖通与空调的设计与安装领先于社会要求。我将在明天上午 9 点再次给您致电。我希望到时能与你通上话。

第 2 步：第二个电话

如果你还是留给对方一个语音邮件，那就简明扼要地描述你能为目标公司带来的成果。一定要按你上一个电话中说定的时间拨打第二个电话。不要留下电话号码或者电子邮箱。

要这样说：

你好！我是 XYZ 公司的 ×××。我们公司专营暖通与空调，是能源成本节约技术方面的专业公司，主要面向 15 万平方英尺以上面积的全国性大型零售商店。

我们与贵公司的同行业公司展开了很多合作，实践证明我们能为贵公司这样的企业带来以下重要成果：第一季度实现 25 万美元直接的能源节省价值；仅仅因三家新店铺符合绿色倡议就获得 50 万美元的税收减免；就一个 15 万平方英尺的商店来说，让 300 套以上暖通与空调设备中 97% 以上达到绿色标准。

我会在明天上午 9 点准时给你致电，希望到时能与你说上话。

第 3 步：第三个电话

准时按你上次说定的时间拨打对方电话。如果你还是留个语音邮件，这次你应该谈谈你公司的推荐人。不要留下你的电子邮箱。

要这样说：

你好！我是 XYZ 公司的 ×××。我们公司专营暖通与空调，是能源成本节约技术方面的专业公司，主要面向 15 万平方英尺以上面积的全国性大型零售商店。

与贵公司相似的企业中，很多——包括 ××× 公司、YYY 公司和 ZZZ 公司等——都聘用我们公司为它们提供服务，获得了我介绍的那些成果。我希望您能给我回电（给出电话号码），希望有机会与您讨论一下贵公司的需求。谢谢。

下一步做什么

这时，目标公司如果有兴趣的话通常会回电。我们的客户给我们的反馈是，拨打过三次电话后，对方回电的概率为40%。如果你没有等到回电，你此时还有三个选择。

选择1：考虑选择一个新的支持者。你原先选定的目标，显然对你提出的方案不感兴趣，或者兴趣不大，不符合你的支持者所应该达到的程度。

选择2：敲门三下无人应，等待两月重头来。你已经敲了三下门，既然无人开门，那么你最明智的对策就是等上两个月，然后再回来，重演前面的三步。鉴于当今社会瞬息万变，你这次电话拨过去时，对方的态度可能已经完全变了，像变了个人。或者，目标公司的整个情况已经发生了非常重大的变化。

选择3：继续第4步到第10步。如果你放不下，等不起，等不了两个月，请开始第4步。

第4步：第三个电话两天后再打电话

语音邮件中的主要意思与第三个电话相似，留下你的语音邮箱号码，不要留电子邮箱。

第5步：第四个电话两天后再次拨打电话

要这样说：

（自报家门，介绍自己，然后说）：“今天我会向您发送一份电子邮件，客观地陈述一些事实和数据，简述我们公司与贵公司的同行企业已有的一些合作情况，说明我们是如何协助他们取得他们所期望的成果的。我相信，你能从中看出与我们公司合作所能实现的长期效益。”

第 6 步：与第五个电话同一天拨打第六个电话

告诉目标公司一些重要事实和数据，而最重要的是，告诉对方哪些“证人”能够证明你们公司有能力履行诺言，给予对方实实在在的帮助。

第 7 步：第五个电话两天后再次拨打电话

留下你的公司名、电话号码，加上一句：“时机总是很重要的因素（也许对贵公司来说现在不是最佳时机），因此，我将把您放进我的‘到期备忘档案’（Tickler file），我会在 6 个月后再次致电您。”

第 8 步：通过邮政服务向目标公司寄送一份公司宣传册

通过邮政服务向目标公司寄送一份公司宣传册，放进你的名片，并留言：“如有任何需要，请拨打我的电话。”不要打电话，也不要写电子邮件。

第 9 步：5 个月后

5 个月后，如果你正好经过目标公司的所在地，顺道拜访一下，提一下你给对方留过的所有语音邮件以及你的其他努力。一般这样说：“从我的语音邮件和留的字条中，你一定看出，我一直非常想见到你。”不要打电话，也不要写电子邮件。

第 10 步：把这个目标公司暂时打入冷宫

6个月后，把这家公司暂时打入冷宫，等到90天后再“复议”。不要打电话，也不要写邮件，包括电子邮件。

以上 10 步程序，我们发现非常有效，屡试不爽。我们的许多客户讲述过它的许多个成功故事。

巴菲特智慧结晶

只有与靠谱的人才能做成靠谱的交易

巴菲特每次都习惯性地以双方的握手“敲定”交易。然后律师进场，将交易条款细节落笔成文。如果你与一个坏蛋达成了一笔交易，那么再好的合同，也没有什么保护作用可言。什么样的生意才是好的生意？巴菲特相信，真正的好生意来自久经考验的商业概念。而这些商业概念应该来源于成功实践过这些概念的人和企业。正是出于这个原因，巴菲特喜欢保险业、建筑材料业和珠宝业。他不太喜欢新兴的、高风险行业，如技术企业、金融服务业，等等。

CNBC 曾采访巴菲特。在被问及他对糖果巨头公司瑞格利和玛氏是否有交易兴趣时，巴菲特如此答道：“相比有些大银行的资产负债表，我发现瑞格利与玛氏的事情我能看得比较明白。我要同他们做交易时，我很明白我买进来的是什么东西。而对有些规模比较大的金融机构，我真不太明白他们里面的复杂业务。”他喜欢的交易领域，总是已经出过取得伟大成就的人。

“你不必钻研事情的所有方面。艾萨克•牛顿不是说过吗：‘我比别人看到的多一点儿，因为我站在了巨人的肩膀上。’要努力站到别人的肩膀上去，这绝不会错。”

第9课

要制服大象，就不能靠细咬慢啃

2009年，巴菲特做了一笔巨无霸交易，买下北美大陆第二大铁路。对于此举，他自称为“全押”式豪赌之举，押的就是美国经济的复苏。这笔大象级赌注后来回报不菲，一位交通运输行业分析师对此评论曰：“这凭的不过就是好运。”然而，真正研究巴菲特的人，不会将这笔投资的良好结果简单地归结于赌运。

今天的伯灵顿北方圣特菲铁路公司（股票代码BNSF）旗下有将近400条铁路，是160年来多次兼并、并购的结果。当巴菲特赌大的时，他总是赌得很大。伯灵顿北方圣特菲铁路公司路经美国28个州和加拿大2个省，是北美最大的交通企业之一，运输消费品、工业品、农产品、低硫煤等，关乎北美大陆人民的衣食住行，是北美企业物资供应与动力能源的主要保障之一。它的铁路在业内科技含量最高、效益最好。

2011年的巴菲特《致股东书》中，这位投资大师透露了这笔交易背后的数学运算。

以吨英里来计算，铁路承担了美国城际货运量的42%，伯灵顿北方圣特菲铁路公司（BNSF）的货运量超过了所有其他铁路公司，占到这个行业总量的37%左右。稍稍计算一下就可以发现，美国城际货运的大约15%吨英里是由伯灵顿北方圣特菲铁路公司营运的。可以毫不夸张地说，铁路就是我国经济的血液循环系统。你们投资的这条铁路，就是这个系统中最大的动脉。所有这一切，表明我们身上担负着巨大的责任。我们必须很好地维护、改进我们这23000英里铁轨、13000座桥梁、80条隧道、6900台机车和78600节货运车厢。这个责任无比重大，异乎寻常，它意味着在任何经济大环境下，我们都必须具备充沛的财务资源，在任何自然灾害条件下（如去年夏天伯灵顿北方圣特菲铁路公司营运、经停地区所遭遇的大面积洪水灾害），都必须有充足的人力资源来应付局面。为履行其社会责任，伯灵顿北方圣特菲铁路公司的投入额常常大大超过其资产折旧值，两者之差在2011年达到了18亿美元。美国另外三家主要铁路企业的资金投入量也在这个水平上。

2012年，以吨英里货运量计，伯灵顿北方圣特菲铁路公司成为美国最繁忙的铁路公司。其铁路网使得它成为地理优势最佳的运输商之一，满足了能源行业的新需求，如美国北部对石油压裂砂、管道和原油的需求。业内营收排名第一的联合太平洋铁路公司，就因没有通向这个地区的铁路而无法满足这个需求。

2012年3月，格里玻利亚尔资本集团的交通运输业分析师约翰·安德森对彭博社发表评论说："这就像某人在你的后院里面发现了金矿，而你邻居的院子里却没有。这凭的不过是运气。"

究竟是有运气，还是有远见？当巴菲特考虑并购某一企业时，他会做好家庭作业，加强对该企业所在行业、市场、竞争对手及其商业模式的理解。他对销售成本、已销货物成本、折旧、资产基值、网络等无不心中有数。他对该企业内部的Q值（Q-factor[5]）了然于胸。最重要的是，他理解这家公司收入产生的触发点，理解它的成本结构。

---

[5] 一个重要的物理与工程概念，现在常被其他领域挪用，主要指关键性的、关乎效益（结果、输出）的相关因素。

因此，当巴菲特下定了决心要做一笔超级交易时，他根本不会犹豫。也正因为如此，2009 年，身家 440 亿美元的巴菲特愿意以 265 亿美元的大价钱买下伯灵顿北方圣特菲铁路公司 77.5% 的股权，一家原先并不为他所有的企业，因此这是真金白银的支出，而不是一笔关联交易。巴菲特毫不犹豫地将这次交易称为“伯克希尔哈撒韦公司历史上最重要的购买”。

捕猎“大象”

当你要制服一头大象时，你不能细咬慢啃，你和你的伙伴们必须奋不顾身，干脆利落。当巴菲特决定了要出击时，他不会犹豫不决，三心二意。对于巴菲特来说，这笔伯灵顿北方圣特菲铁路公司的股权交易并不是什么了不得的事。在公司年报的《致股东书》中，他写道：“猎象枪已经装上子弹，我扣在扳机的手指在发痒。”不过，要注意的是，当巴菲特猎象时，猎象队里只有他和查利·芒格两人，当然还有像诺克斯堡（Fort Knox[6]）一样大小的支票本。如果你手里没有这么大的支票本，你就需要一个有一定规模的团队共同参与，一起捕猎大象。

你需要明白，你的下一笔大交易需要很多人手，你不可能一个人完成。对你和你的公司来说，它太大，太复杂，太重要。

你的团队能为你和你的下一笔大交易所做的最大事情，就是消除恐惧。我们现在一起来研究一下其中的奥秘。

---

[6] Fort Knox 地处美国肯塔基州北部，自 1936 年以来为美国联邦政府黄金储备的储存处。

巴菲特之道第 16 条

捕猎大交易

作家珍妮特·洛在《沃伦·巴菲特如是说》一书中提到，在2002年的英国之行中，巴菲特曾告诉英国的《星期日电讯报》说，他正在英国寻找一笔“大交易”，他说：“我们在捕猎大象……我们带着猎象枪，里面装满了子弹。”

你需要不同的眼睛，更好的眼睛和不同的声音来帮助你。

不同的眼睛。是一种因多元而带来的思维优势，指有一个团队为你的种种想法和你的营销演示报告进行头脑风暴准备。团队的每一个成员看待问题的眼光不同，对你准备向客户提供的方案可以发现别人不能发现的问题，也能发现你的方案可能为客户带来的你此前未能意识到的利益。因此，你的下一笔巴菲特式交易，将从你的团队带给你的额外的创造性、想象力和大能量中获益。

更好的眼睛。当然是指团队成员的集体智慧，它能够克服个人视角的偏狭，获得全景视野，发现隐藏的层面，从而使你方案的威力倍增。

不同的声音。指团队参与营销演示报告和其他文件的准备所带来的优势。而且，不同的声音也能为你的交易捕猎行动形成一个总体基调。不言而喻，相比你闭门造车，独自冥思苦想，有些声音的参与，对某些表达无疑能找到更好的方式与手段。

聘用我们为他们提供咨询服务的有些交易者在团队意识方面有些问题，他们觉得不需要这么一个团队。因此，我们先把这个问题直截了当地说一下。

你需要一个团队，并不表示你本人的交易能力有缺陷。事实上，你会发现，即使你是带着一个团队出发，你的大交易捕猎行动也是对你们集体销售能力的大考验，超越了以往任何一次“考试”。猎象行动能带来的最大的心理满足，是你发现自己能够使用上种种新的技能、技巧、技术，以新的方式、沿着新的路径找到业务方案。

你并不是目标公司的唯一选择

在进行类似你的下一笔巴菲特式交易的大买卖时，你的目标公司特别担心的是犯大错。你提供的针对目标公司问题的解决方案，它自然也带有风险。目标公司除了冒这个风险以外，还有别的选择，而且这些选择都比与你合作安全。这些选择包括：

（1）按兵不动。俗话说：“东西既然没坏，别折腾着去修。”

（2）接受你的建议，然后内部消化。把业务方案交给公司目前的雇员去做。俗话说：“即使是魔鬼，也是你认识的那个比较好对付。”

（3）找到一个真正廉价的替代方。我们可以想象这样的自我辩解：“它们的价格差不多就算是免费了。”

（4）与你们行业中最大的公司打交道。因为“大品牌相对安全”。

作为一个销售者，你无法独自成功地对付目标公司的内藏恐惧——对与你合作所包含的不确定因素的恐惧，无法应对这笔交易的种种复杂“状况”。你需要相关人手，他们必须各有专长，能够对种种潜在疑问提供理性、准确、清晰的答案，驱散客户的恐惧，能够帮助你承担、履行你的下一个巴菲特式交易中所涉及的种种责任。

因此，我们现在一起出发，去寻找这些人；既要在你自己的公司内部找，也要走出公司到外面去找。

在你公司内部寻找

先在你身边最近处——你的公司内部——寻找。我们来分别研究一下下列 4 类人员。

（1）相关议题的专业人士。

（2）公司的执行官（高管）。

（3）你当前的和以前的客户。

（4）其他人。

你公司内部的相关议题专业人士在消除目标公司的恐惧方面可能扮演着重要角色。

想象以下一个高概率场景：你推销的方案针对的是目标公司最大的问题——成本节约。你已经开发出了一条路径，能够帮助客户从原先的 12 步程序中减去其中 5 步。你的方案中包括某些外包、某些系统更改和重大的人事安排。

你的方案中许诺目标客户，他们会在三个月内看到投资回报，而且，你的方案将逐年、连续降低该公司的营运成本，提高其市场份额。

于是你动身参加会晤，客户公司来自不同部门的人都参加了这次会议，听取你的建议。所有这些部门将来都要直接参与到你方案的执行中去（如果达成交易的话）。因此，这些部门的代表都在那儿，他们目前的职责就是质疑你。这些疑问通常如下表所示。

部门	问题
财务部	你们保证三个月看到投资回报时，这些数字究竟是怎么得出来的？请详细、明确地说明一下。你怎么可能保证营运成本逐年、连续降低？
营运部	如果我们把12步程序压缩到7步程序，怎么可能维持质量呢？
人力资源部	涉及这么多岗位调动，怎么同时维护员工的士气和情绪呢？
信息技术部	这个系统如何与我们的其他程序实现对接？
公共关系部	这个项目的消息传出去以后，怎样才能不让外界觉得我们公司冷血无情？
法律事务部	你能否解释一下你们将如何解决本方案中涉及的法律问题？

为什么会有这些人出现在这次会议上？因为他们，以及他们的首席执行官都害怕。你的方案将恐惧注入了他们的内心。记住，你已经跨越了“兴趣的门槛”，你已经让他们产生了兴趣，所以他们才会出席这次会议。但是，兴趣与兴奋不是购买行为的驱动器。恐惧才是。恐惧可能驱动购买，也可能驱离购买。

他们喜欢你方案中所有积极的因素，但他们所有的问题背后都隐藏着巨大的恐惧。

（1）对你数据的精确性的恐惧，对你的财务假设中可能存在的缺陷的担忧。

（2）对质量失控进而出现客户流失的恐惧。

（3）担心雇员不满，并进而导致破坏性影响和人才流失。

（4）担心新系统导致工作量增加，增加时间和金钱支出。

（5）担忧出现公共关系灾难。

（6）担心陷入法律纠纷。

要敏感地捕捉这些问题上的视角与话语差异——巨大的差异。针对每一个问题，你的团队中都应该有一个人能够从提问者的视角看待问题（更好的眼睛），并以能引发提出这个问题的部门负责人共鸣的话语来回答这个问题（更好的声音）。

这些恐惧和忧虑中的任何一项，如果不解决，都会让你的交易努力流产。怎么会这样？百步中你已经走了 90 步，而且你正走得舒服呢，但是，剩下的小小的 10 步路——预计并消除对方的恐惧——有可能足以让你趴下。

想象一下某位律师在桌子对面站起来俯身冲着你说道：“我对这一点有一些很严肃的问题要提出来。如果这一点不能小心谨慎并且滴水不漏地正确应对，我们可能陷入数十宗雇员歧视诉讼。基于我目前所听到的这一切，我会投上否决票。”你的方案也许就在这个节点上被否决。

否决票的巨大力量

目标公司中能够对你的方案做最后判决的人是非常重要的，但是更重要的是那些有否决权的人。有时候，我们的演示报告过于倾向于某个人，期望这个重要人物能给出肯定的裁决。

这里涉及的否决的力量实际上很小，但是否决只需要一人就够了。对方的首席执行官也许对你的方案“爱得不行”，但是只要他团队中的一个人（记住他们都是首席执行官请来参与讨论的）持否定意见，你失败的概率就是压倒性的。

为什么会是这样的？因为你提出的方案会产生广泛的冲击，覆盖整个分部、整个部门，甚至整个公司。它将导致大尺度的改变。改变可能意味着破坏、冲突、额外的工作负荷，甚至失败。有些人相信，固守已知而安全的东西总要好于冒险改变。

一个是亏钱的既有系统，一个是能够证明优于前者的新系统，但是只要团队中有一个人让团队中的所有人都对你的方案（较优的新系统）产生严重恐惧，你的目标公司就会选择固守既有系统。

因此，千万不要错误地认为："如果对方听众中的某一个人并不信服，这不是什么了不得的情况。"即使只有一个人，他也可能就是最终让你无功而返的那一个。

要承认这样一个残酷的事实：对方团队中每一个成员的基本使命就是质疑你的商业建议，他们也都有机会说"不"。做好功课，找到预防否决票的办法。

如何消除那些恐惧?

要消除对方的恐惧，就要在你的团队中配备来自你公司的最有资格、最有能力给予对方问题深度回答的人员。首先是相关议题的专业人士。他们有能力从所有不同视角（眼睛）来理解议题，使用对方公司对等人员所用的语言，解释问题的方方面面（声音）。让你的财务人员与目标公司的财务人员对话，让你的营运人员与对方的营运人员对话，依此类推。

前面所举的例子中，对方的法律人员提出了重大质疑。你的人力资源部人员应该早就预判到问题的存在，寻求专业咨询意见，以便在双方见面会上能够说出如下一番话来："我们已经与我们的律师交流过，在他们的帮助下，我们形成了一个方案，其中对所有潜在法律问题进行了考量。请允许我为你介绍一下这个方案。"尽管你本人也可以直接介绍这个方案，但你的目标公司对你的方案会将信将疑，而对你的人力资源部人员的回答，就会认为比较专业，靠得住。为什么？因为你没有正确的眼睛和正确的声音，而你的人力资源部人员有。

要消除对方的忧惧，就要做好非常具体的准备。绝大多数情况下，对方的问题会以这样的形式出现："一旦某件事发生，你们会怎么做？"一个成功的回答，要显示全面的知识和充分的自信，要在多个领域达到相当的深度。坦率地说，这个并不是你的职责所在，应该是你公司的不同的专业人才应该负责的。让他们去干吧。

公司内部某些专业人才会不情愿，拖后腿

很不幸，你所看中的某些人士有一种观点，认为他们根本就不该被拽进销售活动中来，因为："那本来就不是我的职责。我的职责是财务，不是销售。"他们相信销售工作是销售部的专属。这种心态至少有以下三方面的问题。

（1）你的下一个巴菲特式大交易太大了，在其执行阶段，日后必然少不了那些专业人士的参与。一旦你成功地将公司的产品或者服务销售了出去，他们这些人却无法执行，无法兑现你给对方的诺言，那么对他们自身的利益也是一个损害。

（2）各部门各司其职、壁垒森严的筒仓式管理（silo management）与思维方式的黄金年代已经一去不复返了。公司内部相关议题的专业人才们的未来与整个公司的未来必然是休戚相关的。

（3）如果离开了他们，你根本不可能完成如此级别的交易。他们对你的成功很关键。

在攻下目标公司以前，你首先要攻下你的周围，成功说服所有这些相关议题的专业人才们加入你的团队。必须让他们深刻领会到这个交易对公司很重要，更重要的是，这个交易对他们个人与他们的部门是个大机会。

在招募你本次的团队成员时，首先要消除公司内部的专业人才们对参与本次巴菲特式大交易的恐惧，并借助他们消除目标公司的恐惧。

当你捕猎你的下一次巴菲特式大交易时，你公司的高管（首席执行官或者其他层次的执行官）在其中所应该扮演的角色总是一个独特的有挑战性的问题。很难确定他本人的“参与量”（amount of participation）在什么水平上才是恰如其分的。但是，我们可以找到一个平衡点——只要你们的情况符合下列陈述。

（1）公司的高管完全支持你捕猎大交易的努力和方式。

（2）只有当需要他出面来消除对方担忧时，公司的高管才亲自出面。

（3）公司的高管会与你私下交谈，提出他本人的观点，并就恰当的话语内容和形式提出建议。

如果你们双方对以上三点均没有异议，你们之间可能产生的问题就都可以解决。

小贴士

千万不要把你的首席执行官当作价格的终极谈判者

定价中首席执行官的角色应该在幕后，而不是在目标公司的当面。

价格决策应该在会议前或者会议后进行。价格决定只有在下列情况下由首席执行官“传达”给目标公司：为了帮助消除对方的担忧而刻意彰显他个人对这个项目的全力投入。

如果在双方面对面交流中将你公司的首席执行官当作价格谈判者，那就削弱了整个团队，在未来的客户管理中也必然带来困难。

在你捕猎巴菲特式大交易的过程中，公司的高管会参与进来，表明他的支持，在他的能力范围内消除目标公司的恐惧与忧虑。目标公司最明显的担忧，就是你的公司可能并不全力支持你对交易的执行过程。他们想象你本人会忙前忙后，全力投入，而公司的其他人却忙于其他事务，无暇分身支持。如此一来，合约的执行可能有始无终，或者其结果会大打折扣。

因为你的方案一旦执行，很有可能在目标公司内部引起广泛的变动，对方的恐惧与担忧并不是凭空的，而是有根据的。你也许要用上许多不同的手段来消除这些恐惧，但你公司高管的个人投入，无疑应该是你的重要手段之一。

最后制服大象

目标公司通常最大的担忧之一，常常体现为这样一个简单的问题：“我们怎么开始？”他们目前处于悬崖之顶，离万丈深渊只有一步。他们也能看到深渊的对面，想象你的方案的执行所带来的未来成果。但是在现在和未来之间，有一道深渊，在他们充满恐惧的想象中，他们无法跨越这道鸿沟。结果，他们自然非常害怕。你的首要责任，就是帮助他们跨越这道“变革之渊”。

建造、架设一条跨越深渊的桥梁，将消灭那个巨大的恐惧，彰显你们公司的业务专长、你们预判困难与设计战略的能力以及你们分担转型之重的意愿。

目标公司想知道的是：“在今天和你许诺的未来之间会发生

什么？”对这个问题要做好充分准备，给出完整、自信的答案。

简单的一句“相信我们，一切都会解决”不会消除对方的担忧。

要完成一次巴菲特式交易，你所花的时间很可能要多于巴菲特。我们来看看，你应该怎样做才能设计出对方公司的“转型路线图”。

（1）以这个问题开始。对方心里或者嘴边必然有这样一个问题：我们今天或者明天该做些什么来启动这个工程？从你回答这个问题开始，你的线路图设计就开始了。

（2）对每一步给予命名和清晰的定义。从今天到方案执行完成之间的每一个步骤，都要命名并清晰定义，不要遗漏任何问题。事无巨细，都值得提出来。

- 要采取的行动。
- 双方公司的参与人员。
- 所需要的培训。
- 你公司派出的各个步骤的负责人。
- 各个步骤的时间表。
- 负责回答目标公司咨询的具体责任人。

（3）制订双方定期交流的时间表。通过这种交流确保对方充分知情。

（4）以关键营运指标变化为方案执行过程的里程碑。有了这样的依据之后，双方就能探讨事情的进展是否符合预期，符合你的许诺。从一开始就确定什么样的营运（或者业绩）结果可以作为本方案的初始成果，交由所有人验证。每一步骤达成怎样的成果可以视为这个步骤的完成？对于每一步骤，你的目标公司需要看到怎样的结果才可验收通过？清晰阐述这些议题之后，双方就可以无隔阂地投入某个步骤的执行。

（5）确定工程的部分完成节点。可以将 30%、50% 等确定为工程的部分完成节点，在这些节点上双方评估是否符合预期。

（6）制定投资回报进展预期表。以此表为依据，双方可以评估交易本身的业绩表现。

在你捕猎大象级交易的行动中，以上的转型路线图是至关重要的。因为交易本身规模大，级别高，目标公司又充满担忧，有时候他们会这样对你说："我们先来点儿小尝试，看看究竟会怎么样？"请别掉入这个陷阱，千万要小心！

我们的客户中有一家来自西北部某个很偏远地方。这家公司主营业务包括一种相当复杂、庞大的工程项目。他们习惯于向客户卖出项目的初始阶段，而且只要能获得订单，再小的业务量它也接。

对于这种复杂而庞大的工程，要让工程体现其技术含量，实现其价值，真正成为一个完整的工程，底线安装量至少需要 10000 台，公司却允许其销售人员接下 5000 台的单子。

第一个 5000 台安装后，工程是个什么状态？一团糟。

安装第一个 5000 台的过程中，客户公司已逐渐将自己的供应链管理理顺，并正解决其内联制造程序中的部件定向问题。第一个 5000 台的安装，针对的正是最艰难、最棘手的部分。而要让客户公司真正看到工程的未来优势，看到与自己公司合作的广阔前景，其最佳"观测点"是在第二个 5000 台的安装过程之中。

"我们先来点儿小尝试，看看究竟会怎么样？"的提议是个陷阱，千万别掉进去，掉进去了，你就不可能在这里捕猎到你的巴菲特式大交易，你的目标公司会对"看到的究竟"非常失望。

很有可能让你完全失去这笔交易。

10000 台是一个底线，是一个让客户跨进门槛，看到你的方案的真正价值所在的前提条件，如果仅卖出 5000 台，就不会让你的猎象行动取得成功。如果目标客户无意买下你的整个方案，你就应该另选目标。不要把自己卖贱了。

巴菲特智慧结晶

人是最重要的因素

巴菲特精于识人，是人际关系的热心研究者。曾有人说，企业招募员工时看重三点：诚实、智商、能量。巴菲特曾对他后来在 2011 年收归旗下的《奥马哈世界先驱报》的记者说道："如果你的员工没有诚实的品格，那么他的智商和能量就会把你杀死。"兼并任何公司时，巴菲特总是尽量避免管理层的变动。事实上，他看中进而买入的企业一般都有一个优秀的管理团队在营运。他要求关键位置的管理者都要写一封信给自己，假设一旦他们离世，他们会推荐哪一位来接替自己。在任管理者亲自挑选的继任者，无疑会是最恰当的人选。但是，巴菲特又深知：对人的任何褒贬都不会完全准确。"褒贬一个人时，我们根本没有办法消除出错的可能性，"他如此说道。

第10课 要学会求助于人

巴菲特从不认为向自己的商业伙伴们寻求一些小小的帮助会有什么不妥。

当巴菲特 1995 年并购家具业巨头 RC 威利家居设备公司时，他询问过公司首席执行官比尔·蔡尔德是否还有可推荐的其他家具业巨头。结果休斯顿明星家具公司成为了推荐名单上的首要目标。明星家具公司共有 12 家商店，其中 10 家位于休斯顿，另外两家分别位于奥斯丁市和布莱恩市，并且休斯顿明星家具公司当时正有向圣安东尼奥市进军的计划。

随着时间的流逝，巴菲特却完全不见有迹象可以收购这家公司。就在这时，明星家具公司的长期控股人兼首席执行官梅尔文·伍尔夫决定与巴菲特谈一谈。他在 1997 年的伯克希尔股东大会举办前两天让所罗门兄弟公司的鲍勃·德纳姆为他和巴菲特安排了一次非正式会议。

在巴菲特的邀请之下，伍尔夫留下来参加了伯克希尔年度股东大会。在奥马哈的那段时间里，伍尔夫对伯克希尔产生了好感。在业界誉为“资本家的伍德斯托克音乐节”的伯克希尔年度股东大会上，一个人很容易产生这样的感受。在会议期间，巴菲特也看了明星家具公司的财务数据，对于这份数据他十分满意。

交易以典型的巴菲特方式迅速达成。在股东大会之后没几天，伍尔夫与巴菲特在纽约会面，双方在一次历时仅 2 个小时的会议当中，就完成了交易。同与内布拉斯加家具商城以及 RC 威利家居设备公司交易时的情况一样，巴菲特也感觉完全没有必要去检查租约，修订雇佣合同，或者是进行其他种种核验。“我知道我正在与一个诚实的人交易，而这才是最重要的，”巴菲特在 1997 年的《致股东书》中如此说道。

巴菲特又告诉股东说：“我这里有个故事，很能说明梅尔文以及他妻子雪莉是怎样的两个人。在他们告知下属关于公司转手的这个消息时，也告诉下属说，休斯顿明星家具公司将要向那些曾经帮助他们取得成功的人给予丰厚又特别的报答——接下来，他们俩又把公司的所有人都定义为他们要报答的‘曾经帮助他们取得成功的人’。要知道，根据我们双方的交易合约，这次奖金分配用的不是我们的钱（公司的钱），而是梅尔文和雪莉自己的钱。查理·芒格和我发现自己未来的合作伙伴是如此行事处世的人时，总是喜不自胜。”

从既有客户处寻求帮助

正如大家在电视游戏节目“谁想成为百万富翁”中看到的一样，有些时候，给朋友打电话真的是很值得的。

想象一下下一笔你要做的巴菲特式大交易。有可能，你潜在交易对象公司的首席执行官心存疑虑：你的方案是不是骗骗他的？一种可以缓解对方恐惧的最佳方法，就是让对方有机会与你的某家客户公司中与他职位相当且对你的工作相当满意的人交谈一次。

在你阅读本书的过程中，时不时地你可能内心嘀咕：“这真的有效吗？”怀疑你所读到的这些东西的有效性。但又读了几页之后，读到了我们的某位客户因为遵循你所怀疑的某个战略而取得成功的故事之后，你的害怕是不是瞬间就烟消云散了？情况常常就是这样。当我们看到成功的先例之后，我们的忧虑就会减轻不少。

首席执行官与首席执行官之间的交流方式往往就是通电话。估计一下双方对于使用这种方式交流的意愿，对你来说将会是一个必要的工作。你的一些受邀为你“作证”的客户可能会要求你先写个清单，说清楚如下一些问题：电话中可以讨论哪些话题？或者，电话中哪些话题是禁忌的？并且，可以肯定的是，没有一个首席执行官会愿意泄露给竞争对手己方的任何专有信息。

话虽如此，但是一位首席执行官给予另一位首席执行官的信息还是十分丰富的。下面就是一些例子。

（1）与你们公司合作的话会是怎样一个情况？

（2）你们公司是怎么处理紧急状况的？

（3）你们公司是否值得信任，是否会履行承诺？

（4）你们公司是否严格执行时间表？

（5）你们公司是否习惯超出双方议定的预算？

对于你们公司工作风格的各种一般性或者专门性的问题，是任何一个首席执行官都可以提出来的，也是与你们合作过的任何公司的首席执行官都可以放心回答的。永远不要忘记你的目标就是消除对方对不确定前景的忧虑。

你怎样才能最好地利用你的共事者去消除对方的忧虑呢？最有效的方法之一就是，每当你以各种方式、通过各种人物接触对方的时候，都要展现出一种几乎完美的高品质。

假如你在日常与对方的交往当中展现出了一种差强人意的状态，他们便会认为你没有能力去履行或执行交易合约。

在这样规模的一次交易当中，必须进行角色与责任分配，因为一个人不可能很好地承担所有这一切职责和角色。下面列举了4种应当由大家分开承担的职责。请记住这不是一张关于你的团队必须有的人员的清单，这只是一张职责清单，如果可以缜密、准确地履行，可以让你的事业顺利地进行。

（1）专家。针对潜在交易对象及其对你公司产品或服务的潜在购买意向，你“委任”的这位专家为双方讨论提供必要的话语、历史以及背景知识准备。这位专家利用其相关知识与研究去消除对方“我们公司是特别的，因此你根本不知道我们这里是怎么运作的”的思维定式所带来的担心。你的专家要坚定地表达出这样一点：你们公司已经很清楚对方的公司文化。

（2）导流员。负责把脉对方公司的人员，并且维持销售程序中双方交流的进行。她应该时不时轻松地、不落痕迹地向对方公司人员打探情况，了解事情的进展。她也会监督你们公司其他人与对方公司之间的联系，这样可以保证没有人会去提供一些矛盾的信息，拼错首席执行官的名字，或者做一些别的阻碍计划进展的事情。她负责消除对方对“你们没有齐心协力做这件事”的担心。

（3）战略师。负责人员、动机、方式、会议结构、销售电话以及总体行动的战略设计。他决定所有会议的宗旨与预期结果，选择出席会议最合适的人士，总体设计如何行动。当战略问题出现时，他负责去解决。他就是那个准确决定哪类担忧由哪个人去解决的人。

（4）接待主管。负责对方正式拜访你们公司时的各个环节。如果你们的策略当中需要对方公司来参观你们公司的工作场所，你需要有这么一个人去负责对方来访你们公司那天将会发生的各种大大小小的事情。如果你们公司入口的墙壁掉漆了，他要负责找人去重新刷。如果对方公司想要与你们公司的各种人士进行交流，他要负责在交流前对那些人做好培训。不要想着什么船到桥头自然直之类的话。你应该消除对方这样一种可能的担忧，就是觉得“你们看起来并不太上心”。

针对别的种种担心，毫无疑问，你自然而然地也会配备别的角色，让他们负起相关职责。你可能有一个身兼数职的人员在你的团队中，但绝对不可能有一个全能人员，能够扮演所有角色。很少有这样的全才，你的团队中没有这样的全才也是正常的。

在公司外部找人充实团队

我们还是从对方公司对于与你合作的不确定前景的恐惧开始谈起。假设对方有这样的担心，“你们公司会不会根本就没有能够支撑这次交易的资金、设备、资源？”

如果认为对方公司很有可能出现这样的担心的话，那你应当好好考虑一下你的团队需要配备怎样的人员了。谁可以消除这个特定的担忧？在你认识的人当中谁又可以很好地向对方展现你们公司的资金、设备和资源情况。

巴菲特之道第 40 条

择友要择优

“选择比你优秀的人与之交往。要与行为习惯胜你一筹的人为伍，这样你会越来越优秀。”

可能你会想：“如果允许我带任何人去参加我的推介会的话，我会带上我的投资银行家、我的设计师以及我的视频技术人员，甚至带上我的信息技术人员。但我不能这么做！”

谁说你不能这么做？你猜怎么着？现在有个天大的好消息：你可以带上任何你想带的人员去参加你的说明会、推介会、演示会。是的，你没有听错。你可以带任何人，甚至每一个人——带上所有有助于消除对方担心的人。

但是，传统智慧总是这么说道：

（1）你只能带上销售人员。他们是你的队伍当中最重要的人。

（2）你只能带上你公司的人。你可不希望别人知道你在干什么。

（3）你只能带上你这个行业的人。别的行业的人压根儿不会知道你在讲什么东西。

我不得不说这些传统智慧都是错的，不是一点儿小错，简直可以打 0 分。不管这些人是谁，你可以——甚至必须——带上这些最能把对方的担心和忧虑驱赶出去的人。而且，能扮演这样角色的人往往并不是你的销售人员，甚至不是业内人士。

你的投资银行家，是世界上能准确地告诉别人你们公司财力的人。

你自己当然能告诉对方公司你可以动用的雄厚的金融资产，你也可以用报表和图表来证实这一点。记住要有好的眼神和好的声音，眼神别闪避，声音别颤抖。

想象一下你的投资银行家也在那里，她双眼直视对方公司人员的双眼说道："我可以保证这家公司拥有足够的经济实力完成这次交易。我每个月都要与 ×××（你的名字）和他的财务人员会面，核对他们的资产以及负债情况。我们已经有了一个财务战略计划，而现在洽谈的这项交易十分符合我们的计划。这项交易对公司的财务、预算或者其他计划造成的压力很小，甚至完全没有压力。"

你的设计师，你的视频技术人员，以及你的信息技术人员也可以履行类似的使命，因为他们很了解他们的领域，并且可以表述得很专业，他们在 15 分钟内就可以消除对方公司的忧虑，而你可能花上半天时间也不能达到类似效果。

实情：奇怪却真实

对方公司会不会认为你有可能为了达成交易故意夸大自己公司的经济实力呢？

答案是肯定的，他们会。

那么他们会不会认为你的投资银行家特地出席本次会议来撒谎，来夸大你公司的财力呢？

答案是否定的，他们不会。

为什么你公司外的一些人也愿意帮助你赢得你的下一个大订单呢？原因也许和地球上的人一样多。其中主要有以下 3 种原因。

（1）荣幸受邀。他们以前从来没有被人要求做过这方面的任何事情。有个人曾对富裕人群进行过调查，询问他们是否向非盈利组织捐献过一些善款，如果没有的话，请他们说出原因。未捐过款的人给出的最多的原因是他们从来没有被要求捐过。对于很多人来说，被要求做一些他们从来没有做过的事情是一件十分快乐的事情。

（2）开阔视野。对于他们来说，参加这样的会议，意味着在一个全新的场合遇见他们从未碰到过的人。这是一个和他们平时活动的世界完全不同的世界，而这也是一件十分刺激的事情。

（3）有助本地利益。如果你和你的公司运作顺利，整个社区的人群都会受益，当然也包括他们。你可能因为你的成功为当地银行或者当地设计师带来直接利益，这会让他们十分乐意看到你得到这份订单。除此之外，如果你已经是他们的一位客户，他们也会想办法留住你。如果你不是，他们会想办法（包括通过本次非服务）把你变成他们的客户。

如果你的公司的职员不是很多，那你就特别需要召集一些你公司外的人来到你的团队当中了。就算你公司的很多东西都是外包的，也要记住带上所有应该带的人，包括这些“外人”。也许你的工资表、人事、会计、视频制作以及种种别的事情都是外包的，当你需要这些人的时候，你还是要把干这些工作的人都召集到你的队伍当中来。

千万记住，你的基本问题，就是消除对方的忧惧。如果你的外包雇员能够帮助你解决这个基本问题，就应该把他们纳入你的团队。

记住，要制服大象，可不能靠小口小口地细嚼慢咽。在你寻找下一份大订单的过程中，你会作许多决定，其中最重要的，就是谁应当加入你的队伍。你需要的是能够帮助你消除对方担心的人。这是你的团队最主要的任务。但是你也需要那些与你用不同的视角看人看物的人加入你的团队，需要掌握对方公司购买团队成员一样“话语”的人。

不要陷于过时的传统思维模式而不能自拔。选择队员时必须不拘一格，不自设藩篱。

保持一个开放的大脑，并且找到可以找到的最棒的人，不管他们是不是你所在行业的业内人士，不管他是否来自你自己的公司。

巴菲特智慧结晶

找到得力的帮手

巴菲特成功的秘诀之一就是寻找到得力的人来帮助他管理生

意。在给列奥纳德·戈登森的《战胜概率》一书所写的前言中，巴菲特总结出了他的管理哲学："企业管理可以看作一场三幕剧——梦想、执行、传棒。"当寻找商业伙伴来替你管理企业的时候，他寻找那些可以依靠的人。他找的是那些不会被自己的自尊心、虚荣心所左右的人，他找的管理者完全能够让手下享受荣誉而不会心有不甘。他同时认为，不该对手下的经理人指手画脚，不要对他们不放心。彼得·林奇（Peter Lynch）在他的《彼得·林奇的成功投资》中引用了巴菲特的另一个棒球比喻："在伯克希尔公司，我们不会教一个能击出400优绩的击球手该怎样挥棒。"

第11课

胜利女神青睐有准备者

在20世纪80年代早期，一位名叫罗斯·布朗金的母亲和她的儿子路易，拒绝了许许多多时不时冒出来的意在收购他们名下的内布拉斯加家具商城的请求，而这个商城，后来成为了北美最大的家具商店。这家占地几英亩的商场，是一幢独立的建筑，就在这个屋顶下面，每年可以卖出价值1亿美元的家具。

而在他们母子不假思索就回绝掉的收购请求之中，也有来自巴菲特的并购要约。当时巴菲特一心想将这一家富有传奇色彩的家具商城收入囊中，并入伯克希尔哈撒韦商业帝国。

罗斯·布朗金（人都称她为B太太）是犹太移民，此前成功逃脱了沙皇的种族大屠杀和俄国革命，来到美国，于1937年在奥马哈的一个地下室开了一家自己的商店。“只要你的价格是史上最低的，即便你的商店是在水底，也会有客人上门来的，”她说道。

她这种薄利营销策略，在创业初期给她带来了不小的麻烦。那些热衷于以高价赚取高额利润的本地竞争者纷纷向她表示不满。迫于他们的压力，当地的家具生产厂联合抵制她，拒绝向B太太供货。于是，为了货源，她乘坐火车来往于堪萨斯城、芝加哥、纽约，着实成了一位“跑单帮”的，一位寻找低价货源的能手。尽管她是以高于成本5%的价格从各大家具商场进的货（而不是从厂家以出厂价进货），但她还是依靠她的低价政策薄利多销，以保证商场不亏钱。

她的儿子路易·布朗金是一位退伍军人，1946年开始与母亲一同经商，对内布拉斯加家具商城的成功，作出了很大的贡献。1975年，一场灾难性的龙卷风来袭。龙卷风毁坏了店铺，造成了几百万美元的经济损失，但B太太和她的儿子毫不气馁，他们重建了商场，建得比原先更大、更好。

1983 年，巴菲特得到消息说布朗金一家正在进行商业谈判，有意将自己的大卖场出售给德国汉堡的一家公司，这家公司号称拥有世界上最大的家具商城。巴菲特听闻之后立刻开始了行动。

在当时，店铺每天的主要营业活动都已经交给了路易・布朗金来打理。巴菲特联系到了路易，路易却对巴菲特说："你应该和我的孩子罗恩和欧夫谈一谈。他们才是这个店铺未来的主人。"

布朗金家族的成功、他们非凡的商业嗅觉以及诚信经营的行为给巴菲特留下了深刻印象。他以"同级别"的诚实呈现自己，寄给了路易・布朗金一封信，信中分析了将他们公司出售给伯克希尔公司所产生的利害关系。

从巴菲特的传记作者艾丽丝・施罗德所写的来看，巴菲特所强调的内容很能打动对方。

巴菲特写道，他们可以把店铺卖给别的家具公司或者相似行业的别的企业。但是，"不管这些买家曾作出过什么样的保证，他们手下总有一些经理人认为自己很清楚该怎样经营你们的店铺，并且迟早会想来亲自插手你们店铺的经营管理"。还有另一种情况："这个买家自以为是个财务运作高手，他习惯于玩别人的钱，总想着时机一旦成熟就把你们店铺转卖给大众百姓或者别的公司。"巴菲特还写道："如果卖家的店铺是卖家以自己毕生心血创造出来的一番事业，并且依旧是卖家的人格和自身存在感的一个不可或缺的部分的话，这两种买家都有着巨大的缺陷。每一个买家都会说他们离不开你们，如果买家有点儿脑子的话，他应该知道他确实离不开你们。但是很多买家因为上面提到的那些理由，言行不一。而我们，将准确地、不折不扣地遵守自己的承诺，不仅是因为我们承诺过了，也因为我们需要去那么做。”

巴菲特向他们表态说，他十分需要布朗金一家留下来成为他的商业合伙人。巴菲特当时还有另外一个优势：他是奥马哈人，不是德国人。尽管德国公司开的价比巴菲特高出 3500 万美元，B 太太依旧对于把店铺卖给曾经让犹太人蒙受种族灭绝性大屠杀灾难的德国人感到不可接受。

后面一句话更是一锤定音。巴菲特写道：“我甚至不会去检查你的存货，我相信你们，我相信你们拥有自己声称拥有的任何东西。”

为了敲定这笔买卖，巴菲特前往商铺，拜见当时正坐在自己的三轮高尔夫车上、已经 89 岁高龄的 B 太太。巴菲特和 B 太太只是简单地握了一下手就完成了涉及商铺 90% 股权、价值 5500 万美元的交易。一次短暂的握手和一份简单到只有两页的协议就已经足够，不需要审计员审计商铺的账本，不需要盘点存货（不久之后，伯克希尔公司的审计员对内布拉斯加家具商城的库存账目进行了第一次盘点，得出的结论是：这个商铺实际价值为 8500 万美元）。

交易结束之后，巴菲特说道：“B 太太，我必须告诉你一件事。今天是我的生日。”那天，巴菲特 53 岁了。

罗斯·布朗金回答道：“你在你的生日这天可是买到了一口油井，一个聚宝盆。”

演习

你应该花大量的时间与你的团队进行“进攻”演习，以这种演习的方式准备针对潜在交易对象的演示会。毫无疑问，准备工作所花的时间肯定比你实际的演示会要长。但是这种时间花得值得，也是对你的成功来说最至关重要的东西。

别把准备工作想简单了，以为只要想想“哪些话应该说哪些事应该做”就行了，也不要以为考虑完了就算准备好了，就已经能去举行与客户的正式报告会了。如果真是这样准备的话，那可就是灾难性的了，绝对不会为你带来你所希望获得的成功。

好好排练你的言和行，真正说出来、做出来，而不只是想象该怎么说、怎么做。带领你的团队成员完全融入销售演示会上各自的角色当中，真正“过”一遍，并且保证他们都可以很好地应对各种可能发生的打断或者提问。

巴菲特之道第 46 条

随时准备交易，从不勉强交易

“机会来了，才应该出击。我这辈子，有时候会遭遇‘机会雨季’，有时候会遭受长期的‘机会旱季’。如果来了好想法，我就会行动。如果没有，我就休眠。”

这种操演无数次地让我的客户取得了成功。操演过后，我的客户都觉得有了一种美妙的自由感，在实际的演示过程中，有绝佳的控制感，仿佛一切尽在掌握之中。真刀实枪的演习让他们的“捕猎”总是大获丰收。

“谋杀案审问会”与“热洗会”

在军事学院中，毕业班的学生准备口试的时候通常采用以下两种方式：一种叫“谋杀案审问会”（Murder Board），一种叫“热洗会”（Hot Wash）。这些方式不仅在军事训练上有用，在交易中也十分有效。如果你把这两种方法融入你的销售准备当中的话，它们可以成几何倍数地迅速提高你的成功率。

谋杀案审问会

所谓的“谋杀案审问会”，就是挑选并组成一个包括老师和学生的委员会，这个委员会向被“审问”学生抛出各种各样可能会在口试时候遭遇的问题，并对他的回答进行点评，以此来帮助这个学生进行口试准备。这种方法现在广泛流行，很多政治家用它帮助自己为各种重要的辩论做准备。我们也希望你可以在重要的销售演示会之前进行这样的演练（巴菲特有一个自己独特版本的“谋杀案审问会”，这个委员会里只有一人：他的合伙人兼副董事长查利·芒格）。

如果想要你的“谋杀案审问会”发挥最大功效的话，你的“谋杀案审问会”需要具有以下几个元素。

（1）真正聪明的人。这个委员会的成员应当对你的生意、所在产业、你的竞争对手以及对方公司有非常充分且准确的了解。

（2）足够的时间。一次“谋杀案审问会”花掉的时间，大约是你实际的演示会时长的两倍，甚至更多。首先，你要真正完整地上演一遍你的演示会，从头到尾，没有一次打断。接着进入与你的“谋杀案审问会”之间不留情面的问答环节，因为“谋杀案审问会”的设计目的就是挑战你，帮助你完善你的演示和回答。

（3）完整的团队阵容。这个阵容应当包括所有将要出场的人。即使只有一个人缺席了“谋杀案审问会”，也会对将来的针对目标公司的正式演示会构成充满破坏性的“势能”。

做这些准备工作的时候，你的目标应当是让这个过程成为你和你的团队的一次磨砺，让你们变得如剃刀一般锋利，见血封喉。这样你才可以有美妙而成功的演示。马马虎虎的准备要不得。

赌桌上有句名言：“你要‘打’的不是你自己的牌，而是所有其他牌手的牌。”想要让你的演示会成为一次成功的出击，必须牢记这句话。因此，不但要练习自己要说的话，还要练习如何应对对方要说的话。

为了让你的“谋杀案审问会”发挥出更大的功效，你必须记住以下思路。

（1）让专业的人问专业的问题。你应该知道演示会的听众会是些什么人。因此，你要让你的“谋杀案审问会”中的各位“委员”以那些人的身份和角度来做听众。这会是一件十分有趣的事情，但是有趣不是我们的目的。我们的目的在于，让财会人员询问财务的问题，技术人士询问技术上的问题，依此类推，强调专业对口。这也可以让你的“谋杀案审问会”的所有成员在听取你的报告时更专心，问题问得也更到点子上。

（2）把问题恰当分类。你要让他们提的问题有针对性，与本次销售战役直接相关。如果只是随机提问，就不会对你的准备有多大的帮助。尽管你可能预计在会面的时候被问到的问题大多是随机出现的，但在排练的时候，事先将问题归好类，准备好有条理、有逻辑、前后统一的一系列回答，那是十分有益的。我们为你推荐了几种分类，但是你不应只局限这几种，要根据实际情况进行适当的增加。

- 比较与对比。这些问题让你以你的竞争者为参照来展示你自己的公司。
- 为什么。例如："为什么我们要使用你们公司的服务？""为什么你们选择使用那种技术？"这些问题往往是对于你和你公司的有意挑战，问得毫不客气，这些问题的背后往往暗示说他们另有一个选择（如另一个公司）可能比你们更加优秀，或者说他们更加中意于另一个选择（如另一种技术）。当然这未必是真的，但是这种问题对你处理事情的方法确实是一种挑战。
- 执行细节。还有一些问题有关与你们公司合作的各种具体细节。项目由哪些人来做？怎么做？什么时候做？使用怎样的程序？你得对所有这些问题都做好准备。

（3）找到你自己的一些盲点。"谋杀案审问会"的一个优秀成员会去发现那些在你的方案或你的演示当中忽略或者一笔带过的地方。这些没有能够得到较好表述的地方，应当在准备过程中挖掘、甄别、确定下来，这样你才会格外地注意。

（4）列出己方的已知弱点。进行了几次演示会之后，你会很清楚你的企业有哪些弱势领域。可能是你们公司的规模、技术、财力，或者别的什么东西。这些就是你的"软肋"。你的策略应当是做好准备，就相关问题给出天衣无缝的回答，并把这些回答牢记于心。这在很大程度上可以确保你的"谋杀案审问会"团队在准备过程中发挥最大作用。

（5）三连击。在准备重要的领域时，“谋杀案审问会”需要对每一个领域连续追问 3 个问题，从而挖掘到问题的深处。相比第一个问题，后续的追击才是更重要的。你的潜在交易对象必然直抵问题的深处，你的团队因此也需要挖得深，问得透。

（6）做好详细的会议记录。别高估了你自己的笔记和你超人的记忆力。这种操演中会产生许多闪光点，对这些闪光点你应确保自己一无遗漏。对会议进行录音是个不错的选择——成本也很低。如果你能录像的话则更好。当然，具体的技术措施不是问题，远没有你认真反省、检讨自己所做的回答重要。你要通过这种“检讨”找到最好的回答，从而改进平庸的回答。

我们建议你在你的正式演示会前 48 ~ 72 小时内进行“谋杀案审问会”操练。这样你可以有充足的时间练习和修正自己的回答，但是别太提前了，否则你会狐疑反复，犹豫不决，或者会因为时间太久而忘记了准备好的内容。

热洗会

在军事学院的考试之后，有的学生会重新召集“谋杀案审问会”，有的则找来其他老师和朋友来对自己的这次考试进行一次全面的回顾与检讨。这就叫作“热洗会”。这么做是为了保证你真正吸取了这次考试的经验或者教训。讲到这里我们不得不再次提到政治家了，他们现在也频繁使用这种方法，以便让自己在每一次的辩论或者演讲当中有所收获，从而能更好地去参加下一次的辩论或者演讲。

“热洗会”是对于过去的回顾与检讨，旨在为未来找到 2 ~ 5 个重要的教训。“热洗会”的进度相对要快一些，并且要一针见血。

这种对话与讨论应围绕如下主题展开。

（1）这次活动的哪些部分发挥了作用？任何一次演示会，从你走进对方公司所在楼宇大厅的那一刻起就已经开始，直到你在演示会结束后坐进自己的车里才宣告结束。在这期间有一个过程，包括多个环节，如你入场的方式、你坐的位置、你们的演示、演示会上的顺序安排、你处理问题和回答问题的方式，等等。在你的“热洗会”上，暂且先不关注演示会的内容，先对流程中的各个环节提问，根据各个环节表现的好坏进行打分。

（2）哪些内容发挥了作用？要搞清楚自己销售演示过程中的哪些内容或者工具让整个团队或者演示者感到是起到作用的。在对话中着重注意下面这个问题：“从对方的哪些动作当中可以看出你的这个元素是起到作用的？”

（3）哪些关系起到了作用？往往在一次会议当中，人与人之间会产生“关联”。有些人可能上过同一所学校，有些人可能在同一个城市长大，也有可能是某个人对于另一个人的某个问题做出了很好的应答。不管是什么原因，“关系”在产生，而且可能在演示会的过程中得到进一步发展。你要做的是去找到这些关系。

（4）反面思考。现在用一种反向思维思考一下刚才讨论的 3 个问题：注意有什么是没有起到作用的。这个时候要诚实，把所有消极、无效的元素都拿到台面上来展示一下。

（5）准备做什么改变？主要着眼于你准备在你的进攻方式上采取的 2 ~ 3 个重要的结构性变化。你可能已经发现某张图片用于幻灯片投影实在是太暗了，但是这并不是我们在这里所说的结构性变化。你要找的是一些可以让你的整个演示会产生根本性变化的更重要的东西。

（6）我们以后的演示会上要保留哪些环节与元素不变？要去发现你本次的报告展示中哪些元素是起到高杠杆作用的，你将把这些优点保留下来，成为你的永久武器。同时你也要专注于 2 ~ 3 个你决定采取的实质性的变化。

我们至今还在使用“谋杀案审问会”和“热洗会”这两种模式给我们所服务的客户公司的销售团队做指导和培训，特别是当他们以“大单子”为销售目标时更是如此。“审问”与“热洗”从不轻松，但在这种“过堂”中，他们增长了自信，学习了新知，取得了实实在在的进步。“万事俱备”未必能保证一帆风顺，生意的成功还需要东风相助，但是可以肯定的是，它能够提高成功的概率。

巴菲特智慧结晶

“万事俱备”还意味着明白哪些交易碰不得

巴菲特建议说：与其斩妖除魔，不如退避三舍。交易包括人和商业模式两个因素，选择买入的企业，在这两个方面都要有价值。巴菲特还说道：“好的骑师只有骑在良马的背上才可以发挥得好，跨上一匹羸弱的老马，好骑师也徒唤奈何。”认真工作和诚实经营并不能解决所有问题。他还说；“我曾多次说过，一个以智慧扬名的管理团队去管理一个商业模式一塌糊涂的公司，结果毫发无损的只有这个公司一塌糊涂的商业模式，那个管理团队会变得面目全非、惨不忍睹。我真希望当年自己不是那么精力充沛，那么孜孜不倦、屡败屡战地创造了那么多反面例子。我那时的行为配得上梅・韦斯特的一句忏悔——我曾经也是纯洁如白雪公主，只是后来我走岔了。”

1989年，巴菲特也曾说过，在长达25年的并购交易和领导并管理一个多元商业帝国之后，查利·芒格和他并没有学会如何去处理麻烦、棘手的企业问题。“我们学会的只是去避免这些问题、避开这些问题。为什么我们竟然获得成功？那是因为我们着力寻找可以轻松跨过的1英尺高的障碍栏，而不是因为我们学到了神功，能够飞身一跃，跨过7尺高栏。”

第12课

摸清对方的动机

作为一次异乎寻常的战略性资产剥离，沃尔玛在 2003 年将旗下的麦克莱恩公司以 14 亿 5000 万美元的价格出售给了巴菲特。麦克莱恩公司属于这样一类公司：它往往并不真正适合于作为这个零售业巨头的控股资产，却十分适合添加到巴菲特的商业帝国中去。这究竟是为什么呢？

麦克莱恩公司坐落于得克萨斯州的坦普尔，它是全国最大的百货、食品以及非食物类商品批发分销商之一，它服务的对象包括便利商店、药店（杂货店）、批发俱乐部、超市、快餐店、剧院，以及各种其他的机构。1990 年被沃尔玛招入麾下。

那么到底是什么原因导致沃尔玛又必须把它给出售出去呢？营收恐怕并不是原因所在。在 2003 年被收购之前，麦克莱恩公司的年销售额高达 220 亿美元。它是当时全美便利商店最大的批发供应商。

而且，对于当时的沃尔玛来说，出售自己的旗下资产也是很少见的事情。在《纽约时报》上曾刊登过这样一则消息：公司的一位执行官称连他也不记得这种事情曾经在沃尔玛有过先例。

巴菲特的收购动机却相对容易解答。那次交易过后麦克莱恩公司不仅可以继续承担沃尔玛的分销、配送业务，而且所有权的易主一方面不影响它继续服务于连锁超市，另一方面可以让它有机会去为沃尔玛的一些竞争对手，如塔吉特超市、达乐连锁等，提供批发、配送业务。

这次交易按照巴菲特的典型模式进行。巴菲特喜欢业务容易理解的非复杂型企业。日杂百货、食品的配送业务就很符合这种类型。这种业务既不会在营运上发生一些根本性的改变，也不会受到新发明所带来的威胁。巴菲特喜欢的是那些供应人们的刚性需求商品的公司。很显然，不管人们的生活好坏，日杂百货、食品等永远都是人们所需的物品。

一家零售业咨询公司——“战略资源集团”——的合伙人兼总经理伯特·弗利金杰认为这次交易对于沃尔玛和巴菲特来说都不愧为一次全垒打，属于双赢交易。而且这次交易的时机非常敏感，可能牵动 70 亿美元的食品分销配送，但这要取决于弗莱明公司的命运，看它能否在破产保护官司中重新站起来。这家食品业大亨此前不久提请法院给予公司《联邦破产法》第 11 章之保护。

分析家们并不认为麦克莱恩公司在从沃尔玛旗下转投伯克希尔的过程中会遭受什么企业文化方面的冲击。两家公司都是绵里藏针型的，平易、家常、亲切、友好的经营模式掩盖了各自“锐利”的竞争刀刃。事实上，巴菲特甚至拜访过阿肯色州本顿堡（Bentonville）的沃尔玛总部，在其各店铺经理人周六晨会上发表了演讲。

巴菲特很理解沃尔玛出售麦克莱恩公司的动机：那就是以退为进。他知道，这次出售表明沃尔玛的目的是卸下一个微利业务包袱，其边际利润很窄，其前景，相比 13 年前他们购入时要暗淡得多。确实，沃尔玛将它抛弃时，麦克莱恩公司营运毛利微乎其微，大约只有 2%，并且只能依靠供应便利商店来维持经营，所以自然成为了整个沃尔玛链条上最弱的一个环节。巴菲特很清楚，当时的麦克莱恩公司已经是沃尔玛盈利最差的企业，所以对于沃尔玛来说，把它踢出自己的资产组合自然可以提高整个沃尔玛的财务回报率。

“在过去，有不少零售商都刻意避开麦克莱恩公司，因为麦克莱恩公司是它们最大竞争对手旗下的一员，”巴菲特在

2003 年的《致股东书》中这样写道，“而麦克莱恩公司卓越的首席执行官——格雷迪·罗齐尔，目前已经争取到这些大客户中的一部分——在这次交易成交的第一天起，他就已经甩开膀子大干起来了，迅速地发掘客户——而且更多的零售商会被争取过来。”

一旦巴菲特理解了其中的动机，这次交易就以一种典型的快捷方式完成了。

“在《财富》杂志‘最受崇敬企业’榜投票活动中，我有很多年都把票投给了沃尔玛，”巴菲特还说道，“在这次有关麦克莱恩公司的交易之后，我更加坚信了我对于沃尔玛的这种良好印象。就这次麦克莱恩公司的收购交易作出决定前，我只是与沃尔玛的首席营运官舍韦进行了一次大约 2 小时的会面，紧接着我们就握手成交了。”（不过，他此前已经拜访过沃尔玛在本顿堡的总部。）29 天之后，沃尔玛拿到了巴菲特支付的并购款。“我们甚至都没有去履行任何所谓的‘应尽的注意之责’。我们知道一切都一定会像沃尔玛所说的那样——而事实的确就是这样。”

只要知道了为什么，你也就会知道该怎么干

在你开始销售谈判之前，你得先搞清楚为什么你的潜在交易对象会认为与你的交易是值得的。一旦你知道了对方最大的困难，你就得拿出你最佳的解决方案。你已经明白，你的方案一定要能解决对方当前的最大问题，这是最重要的前提。此外，我们还要在这里提出 3 个你必须回答的问题。

巴菲特之道第 74 条

对成功要支持

2012 年，巴菲特对《今日美国报》的记者说："我喜欢对成功者给予支持和鼓励。我喜欢做能让人们的生活面目一新的事。"

问题 1：你的这次巴菲特式交易是否可以为你的潜在交易对象带来 8% ～ 14% 的进步，以及这种进步许诺是否可信？

记住一个"大拇指法则"（也称"经验法则"），那就是你一定要保证你的这个解决方案会为潜在交易对象带来 8% ~ 14% 的进步。这所谓的进步可以体现为成本的压缩，达成（达标）时间的缩短，让设备与设施符合时代与社会要求，或者别的任何让你的潜在交易对象"闻而起舞"的东西。

如果你的方案无法为对方带来至少 8% 的进步，那么对方绝不会认为这个方案有值得心动的价值。从另一个方面来看，如果你的方案可以为对方带来高于 14% 的进步的话，对方肯定会对你所陈述的事实感到怀疑，你的可信度就要大打折扣。这个"法则"当然可能存在例外，但它是一个不错的指南。

这就意味着：为了让你的方案一方面呈现出可让对方心动的价值，另一方面又看起来可信、可靠，你必须研究可能由你所建议的变化带来的任何的支出增长。你向对方推荐的方案所带来的进步必须是经过精确测量而计算出来的，而不是拍脑袋，觉得会是多少就是多少。你要想方设法用数字来表达你的方案可能带来的进步。而这些数字一定要做到"合理、准确"。

问题 2：这个巴菲特式交易的成本对于你的公司来说是理性

而且有操作性的吗？

详细具体地估算这项交易带给你公司的成本支出。在你准备去交易谈判之前，试着提出以下几类问题并作出解答。

（1）我是否因此需要雇佣更多的人手？

（2）我是否因此需要增加额外的技术设备？

（3）我是否因此必须大量出差？

（4）我需要多长时间才能完成这次合作？

（5）为执行这个项目公司需要多少工时？

（6）首席执行官是否需要花大量的时间在这个项目上？

（7）我是否可以在做本项目（和其他类似项目）的时候，不影响其他一些较小的项目运转？

（8）对于公司，交易的达成是否也是一个明智的长期解决方案？

你的公司是否万事俱备，有条件捕猎你的巴菲特式大交易了？

你需要有：

（1）来自你的首席执行官的强力支持。

（2）对于迅速且爆发式增长的强烈愿望。

（3）稳定的财政状况。

（4）一个灵活的销售管理体系。

（5）一颗愿意持之以恒地应对全新挑战的心。

问题 3：为你的巴菲特式交易所设计的方案是否能快速起效？

你的潜在交易对象的症结与你的药方的起效速度相交构成的

“角”，我们称之为“矛之尖”。这个“矛尖”就是可以为你的方案带来信服力的东西，能让它有强大的穿刺力，击破这次交易中各种可能的反对呼声所构成的“盾”。

这世界变化快，以往所谓的正常“购买周期”或者“决策周期”，在当今时代都已经变得不正常了。这个变化我们反复强调也不过分。因此，如果对方的购买决定在未来的 6 个月里无法作出的话，你就应该转向另外一个潜在的交易对象。事实上，高管们现在都是在一个更加紧迫局促的时间框架内作决策的，并且他们所制定的战略，其冲击或者说影响也趋向于相对短期。

在正确的要素纷纷到位，并且又找对了具体进攻对象的情况下，你的下一个巴菲特式大交易将会较快地达成，因为，在当今的商界文化中，潜在交易公司的决策者不可能再去花几年的时间作一个大决定。因此，相比以往，你的方案要更加快速地起效，他们处理问题，也会提高速度。与此相应，你必须在与对方的讨论中强调时间和速度。这也意味着，如果你发现潜在交易公司的决策者没有把他们公司的这个问题当作当下要解决的第一要务的话，那么就要放弃他们，寻找新的对象。

如果你的方案确实可信，但是其落实需要整整一年时间，那么你就无法在这次巴菲特式交易中获得成功。你的潜在交易公司的问题是当下，所以他们需要的药也得是当下起效的药。

找到你的方案

要找到属于你自己的方案，你首先要能够回答这样一个问题，“我的公司有什么独特优势，是其他任何公司所不具备的吗？”你要做的是从头到尾好好研究一下自己的公司，而不是只关心你的销售部。

或许，你的公司拥有一个极其高效的库存管理系统，可以做一些别的公司想都不敢想的事，或者你们公司开发的会计系统具备其他公司所不具备的实时监控能力。此时，你需要确定是什么品质让你的公司与众不同。

客观地对自己的公司作出评估，别让自己习惯性地回到老一套的关于价格、服务或者质量的讨论中去。这些都是经理级别的问题，而不是什么C级别（执行官级别）的议题。这些问题的价值太小，与你追求的巴菲特式交易所拥有的价值相比，简直是小巫见大巫了。

找到这个方案是个艰难的过程。所以，在头脑风暴的过程当中，你要尽可能地去发动你的同事们参与进来。借此也许可以发现很多原先自己并没有意识到的独特“系统”，而这些“系统”很有可能就是你的潜在交易视为宝贝的东西。

案例研究（1）：皇冠合伙人公司

下面将以我们公司的一个客户做个案研究。这家公司名字叫“皇冠合伙人公司”，是一家主要提供数码战略方案的企业。

当这家公司的领导人决定捕猎下一笔大交易时，他们很清楚必须向目标公司高级别的官员展开攻势。他们也很清楚现有的“高质量、高服务”口号根本不可能抓住对方的心，所以他们决定把质量和服务“翻译”成一些更加符合潜在交易对象需要的东西。

他们发现自己独一无二的优势是可以在短时间内把任务完成得十分漂亮，所以他们决定把重点转向“销售时间”上。

皇冠合伙人公司是循着如下的思路琢磨出这个“卖点”的。他们意识到这样一个事实：如果允许有一年时间，业内任何一家企业都可以帮助别的企业实现数码战略的设备安装与启用。然而，一个可以在 6 个月内就能完成安装与启用的数码战略方案是十分稀缺的。但一个可以在 3 个月内就能搞定的方案更是闻所未闻了。这些“稀缺”、“闻所未闻”的方案正是皇冠合伙人公司驾轻就熟的东西。从本质上来讲，他们的卖点是方案的时间。

因此，他们的广告词就成了这样一段话：“如果你有一年的时间来落实这个程序，那么这个行业里稍微可靠一点儿的公司大概都可以搞定；如果你只有 6 个月的时间来把这个程序落实到位的话，我可以给你列出 4 ~ 5 家能够胜任的公司；如果你的目标是在 3 个月以内完成的话，我们就是你唯一的选择。”

于是，皇冠合伙人公司找到了对方高管们可以理解并且能让他们心动的“框架”来呈现他们的方案。而且，最重要的是，高管们不但心动，而且愿意埋单。

你的下一个大的巴菲特式交易的焦点并不是你自己，而是目标公司。皇冠合伙人公司一旦了解目标客户需要别的供应商无法提供的快捷服务，搞明白本企业的最大优势正是提供别的公司无法提供的服务，它所追求的大交易就手到擒来了。它卖出的是它的快速安装与启用能力，获得的是它梦寐以求的巴菲特式交易。

你的下一个大的巴菲特式交易的焦点并不是你自己的产品或者服务，而是潜在客户的需求。你的目标是要紧紧盯着潜在客户公司认为最有价值的东西，而不是你自己的商品和服务，其中的理由，皇冠合伙人公司的例子就很好地作出了解答。你的下一个大生意应当为当前市场解决这个市场给出高估值的问题。

作为一个交易达人，你的工作就是去找到这个市场给予高估值的东西，并且时时确认自己正在销售这种东西。

案例研究（2）：沃尔皮食品公司

另一个准确战略设计导向成功交易的例子，来自我们的另一家客户——沃尔皮食品公司。当你在销售食品的时候，你完全可以作出一个合理的假设：味道是食品的卖点。如果你的企业106年以来一直以食品制造业，并且始终以味道为卖点，那么你一定不会怀疑：味道才是真正重要的因素。

沃尔皮食品公司是全美最优秀的意大利腊肉制造商，生产意式蒜味腊肠、辣香肠和熏火腿。106年来，他们一直在全美范围内营运，向日杂货商分销、配送自己的产品，生意一直非常红火。

然而，沃尔皮食品公司希望通过更大的交易来谋求增长。多少年来，这家公司一直沿用其习惯的市场战略：与日杂货商以及目标客户见面，展示自己的商品，分发一些样品。然而，对于期望中的巴菲特式交易来说，这些老套的方法完全起不到作用。

为什么？因为味道问题不是一个商业问题。沃尔皮食品公司对于其客户的商业价值必须要用“味道”以外的某个标尺来衡量。

想象一下全美20强日用百货企业：沃尔玛、德国阿尔迪连锁超市、克罗格食品，等等。没有一家商场的肉制品部的高层领导会在某个早晨醒来时突然对自己说道：“哦，天啊，我的意大利熏火腿的味道问题该怎么解决啊！”

对这些顶级日用百货商店来说，意式熏火腿的味道根本不是个问题。当然他们也有烦恼，但他们的烦恼与味道问题的性质完全不同。因此，这家公司的“价值视角”必须改变。要捕猎巴菲特式交易，要抓住配得上这种交易的大公司，沃尔皮食品公司就必须采取“问题视角”，使用“问题语言”，通过金钱、时间、风险等语汇来讨论问题。

事实上，一个现代的日杂货商也是某种意义上的一个房地产经纪人。他的工作就是去为自己的商店创造价值，商店每平方英尺的价值产出最大化就是老板的第一要务、第一问题。

这意味着评测价值的角度不再是新鲜度、质地、味道什么的了。这些方面的优质是基本要求，已经无须高层人士来考虑了。

评测价值的原则必须遵循以下 3 个因素。

价值：商店每平方英尺的面积所能带来的营收以及利润。

数量：在冰柜挂钩板上每一挂钩每周周转的商品数量。

速度：当一个新商品代替一个旧商品的时候，其营收达到该展位上原商品营收水平的速度。

这种种因素的背后包含了一个小小的“见不得人”的秘密，那就是：味道不再是第一因素了，反而是最后才要考虑的因素。味道已经不是个商业议题。当然，食品的味道仍然要美妙，但味道成为了商业考量中最后的那个因素。

当沃尔皮食品公司琢磨透这个问题之后，这家公司在与自己的大交易目标交流时，就将演示的重点转向了如下问题。

（1）单位面积利润增加的机会。因为沃尔皮公司的名声、包装和客户重复购买前景让公司拥有更高的价值认知度，从而增加单位面积的利润。（金钱）

（2）商品包装与商品布展带来增长。本公司商品包装和商品布展可以吸引销售者并且促使他们尽早进行“首次购买”。这样一来，新商品代替旧商品时其营收加快了该展位上原商品营收的速度。（风险和时间）

（3）周均销售量增加。成品食品和现成食谱的使用会增加食用频率，增加重复购买，从而增加每周的平均销售量。（金钱与时间）

（4）先例。介绍公司其他日杂货商客户在诸多领域（金钱、时间、风险）因与沃尔皮合作而获得的改进。

一旦沃尔皮食品公司改变了它的销售策略，大交易就来得越来越快，交易规模也越来越大。

沃尔皮公司为它的潜在交易对象带来了新思维：双方如何合作应对肉制品部的其他挑战方面的新思维；共同克服红酒和奶酪区的挑战的新思维；针对其他种种商品区的挑战的新思维。这样一来，沃尔皮食品公司从食品制造商和供应商逐渐向一个方案提供商转型了。

在很多时候，沃尔皮公司的食品在其样品被试吃之前就已经上架了。理由很简单——沃尔皮公司为客户解决的是意大利式熏火腿味道以外的问题，它为客户提供的价值也是意式熏火腿味道以外的价值。

应该这样来思考这个问题。

假设你现在要向零售商推销你的 T 恤，而你一般得到的订单是 1000 件，你推销时强调的是你有能力把尺码、颜色以及包装问题都搞定，不出纰漏。

如果你想要得到一份 30 万件 T 恤的大订单，问题的范围就大不一样了。你得有供应链的管理，有物流服务，有退货机制，而这些问题不是一个小作坊就能搞定的。你的潜在交易对象觉得你在推销时顺理成章会强调和介绍关于这些方面的服务，而不是服装的尺寸、颜色或者是包装。

换而言之，在你与你的潜在交易对象讨论的过程中，与那些问题相比，你作坊的制衣水平问题早已经退居其次，制作水平高是一个前提，但不必过多讨论。

问自己：“我的卖点在哪里？”、“我的下一个大客户的买点在哪里？”带着这样的问题来思考。在你的下一个巴菲特式交易中，与其他问题相比，你所卖的具体商品或者服务并不是最重要的。你卖的不是你的商品或服务。

在你追寻你的下一个巴菲特式大交易的过程当中，发现你的潜在交易对象的独特需求是你最需要去干的事情之一。如果在寻找下一个大客户的时候，出发点就是你的商品或服务，你将会事倍功半，换言之，你还没准备好。

在你目前的“捕猎”习惯中，每当你从一个角度开始你的讨论时，你的潜在交易对象正在用另外一个完全不同的方式作出反应。结果，你总是发现对方的决定是那么不可理喻——因为你和他们压根儿就是在互相对牛弹琴，你们操弄的是两种语言。

不要轻易认输出局：最后一搏

你丢掉了这次交易机会。你的潜在交易对象最终选择了按兵不动，或者选择了别的销售商。你耗费了大量的时间、精力、资金。于是你开始了自我安慰：做生意就是这样……说白了这也就是个数字游戏……我们也从中学到了很多东西……真的吗？不！不！不！不要这样轻易认输，在最后搏一下之前绝不退场。

你的目标客户都已经把合同给了别人，还能怎么搏呢？当然，你可千万不能去要什么阴招，你得为你在商场上的关系和名声着想。但是这也并不代表说你就必须玩“费厄泼赖”。下面就是几个你可以采用的方法。

（1）教父式要约。给潜在交易对象一个他们绝对无法拒绝的要约。可以是在价格、速度、服务、“三包”方面的巨大优惠。这次的优惠要约必须直接呈递给对方的最高层人员，而且必须直截了当、干干脆脆。当然你也必须做好准备回答这样一个很艰难的问题：“如果你们愿意给我们这样一个要约，那么为什么在你前面的方案中没有提出呢？”我们已经看到过大量类似的例子：对方都已经宣布将合同授予别的企业，但是最后时刻的这样一个“教父式要约”又赢得了合同，飞掉的鸭子又飞回来了。

（2）分一杯羹。试着去争取一个大机会当中的相对较小的一笔业务。你可以直截了当地对对方说：你们应该找两个公司一起干，这样他们在互相竞争之后一定会交出一份让你们最满意的答卷。但也不能让这份合同太小了，预设好一个底线，基于“经验法则”，一般设为30%。

（3）密集轰炸。搞一场大轰炸。把你的所有弹药都投射到对方的阵地上。派上新的“终结投手”。让你公司所有的人员都去联系潜在交易对象那边对应的人员。发出的吁求很简单明了：“我们曾在你们考虑之列，这让我们倍感荣幸。对你们抽时间倾听我们的方案，我们十分感激。我们原先感觉到我们两家公司之间的关系非常紧密，因此现在我们感到了一丝失望与迷茫。此时此刻，为了重新赢得你们的心，我们可以做些什么事情？”你的目标公司一定会知道个中深意。它们知道你正在拼命争取获得这份合同。尽管他们已经“宣布”聘用别家企业，但在“宣布”与“签约”之间还有很长一段路要走，还会遇到种种挑战，在双方人员克服这些挑战的艰难过程中，你公司必须时时出现在目标公司人员的脑海中。

（4）跳闸开关。向对方表明你可以充当本次交易的“跳闸开关”，而且这个表态应当是直接面向对方最高层的人员。这个“跳闸开关”就是向获得合同的那家企业发出一个间接挑战：“你们可以选择与我们的竞争者合作，但是，在合同履行的过程中，如果在某月某日之前他们没有达到这样一个标志性结果的话，他们就是失败的，我们愿意在那个时间点上‘续’约，并且确保达到你们期望的结果。”这段表态一定会很好地印刻在对方的心里，让他们记得清清楚楚，并且他们会在心里把你们公司视作“最后的王牌”（ace in the hole），可留作紧急时刻的后手。你也成功地将自己公司塑造为目标公司的“替补队员”，从而在众多竞争对手中脱颖而出。

在交易达成与签订合同之间还有很长的路要走。目标公司和你的某个竞争对手作出了合作决定，但在他们走向合同签订的路途上，还有很多弯要拐，确保在某个拐角都有你等在那儿。交易的达成不是瞬间就能完成的事情，这是一个细水长流的过程，需要小心管理，每一步都如此，这样才能确保成功“关门”。记住，如果你能发现目标公司真正急需解决的大问题，你就能利用最好的方法来赢得合同。

巴菲特之道第 77 条

两件事急不得：结婚与交易

《沃伦·巴菲特文选》中写道：“在搜寻交易对象时，我们的态度应与找结婚对象时的态度一样：要积极努力，全身心投入，头脑开放，但千万不要急于求成。”

巴菲特智慧结晶

论筛选交易机会

每一笔交易都应该事先落笔成文，让它经受文字的拷问。如果是一笔好的交易，你就能够轻松地向别人解释清楚为什么你要做这笔交易。最好的方法是配备一个“交易过滤器”，在一开始就对每一个交易机会进行一次测试。《沃伦•巴菲特文选》中有言：“总是有人拿着根本不符合我们要求的交易意向来找查利•芒格和我。有的人就是这样：如果你登广告表示你有意于买苏格兰柯利大牧羊犬，很多人就会打电话给你，兜售他们的英格兰可卡小猎犬。我们对于兜售新办企业、破产重组企业以及竞拍型销售的感觉，可以用一首乡村歌曲里的一句话来表达：‘当电话沉默的时候，你就知道那头是我在沉默。’”

第13课

未雨绸缪

新千年转折点上，整个投资世界都在因为高科技股票而无比亢奋的时候，巴菲特正忙于购买建筑业的相关企业。形势比人强，有时就连巴菲特也会深陷困局。

在2000年的时候，巴菲特投身到建材行业中，收购了砖块制造商——得克萨斯州的顶点建筑品牌产品制造公司和涂料制造厂商——新泽西州的本杰明摩尔公司。接着在2001年，伯克希尔买下了萧氏实业，这是一家佐治亚州的公司，当时是全世界最大的地毯和强化木地板的制造商。

同年，巴菲特收购了更多的建材业公司，其中包括绝缘隔热材料制造商杰斯曼和迈特科，主要制作一些如桁架这样的建筑结构部件。

到2008年房地产泡沫破裂之前，这次收购所带来盈利还是比较可观的。

而在这个泡沫破裂之后两年，巴菲特曾说道："我相信一年左右房地产将会复苏！"但后来他自己也承认他的这个推测是完全错误的。

"房地产的活跃程度对我们的5家企业会产生明显影响。其中，这种影响对全国最大的房屋商克莱顿住房制造公司是最直接的。在全美2011年建造的房屋中大约7%出自克莱顿住房制造公司之手。而顶点建筑用砖、萧氏（地毯商）、杰斯曼（隔热材料商）和迈特科（房屋建筑材料商，主要提供铺设屋顶需要的拼接板之类的工程产品）受建筑业景气程度的影响更显著。"

2011年，这5家建材业公司税前利润总计5亿1300万美元，与2010年持平，但是与2006年的18亿美元相比，还是下降了不少。

"住房业会复苏的——对此你可以毫不怀疑。你相信一段时间之后，住房数量一定会和家庭数量匹配（当然还要留出正常的房屋空置率）。然而在 2008 年之前很长一段时间里，美国建造了比家庭数量多得多的房屋。所以，我们的市场上不可避免地有了太多太多的房屋，于是住房业泡沫破裂，而且烈度很大，重创整个社会经济。而这还为住房业带来了始料不及的另一个问题：在经济萎缩初期，人们'成家的速度'也因此降低了，而整个 2009 年，这个'减速'非常明显。"

巴菲特还注意到："（这个国家现在）每年新建住房的开工数量大约在 60 万套，明显低于每年新建家庭的数量。因此，买房者和租房者正在消化以前供给过多而剩下的那些存量房（这个消化速度会因为地区的不同而不同，全国各地的供需情况有着很大的区别）。尽管房市出现慢慢的复苏，但伯克希尔旗下的住房业相关公司，还在挣扎之中，雇员数量降到 43315 人，明显低于 2006 年的 58769 名。"

但是，巴菲特依旧保持着乐观的"做多"心态。他还坚持着伯克希尔公司"买入并坚决持有"的投资信条（"我们最喜欢的持有期是永远"）。他在一封《致股东书》中总结了自己的一些想法：

这个非常重要的经济部门——不仅是建筑业，还包括它所有的衍生行业——正处于一次行业本身的大萧条当中。我相信这就是几乎所有其他经济部门的就业复苏都稳健而明显，而建筑业及其相关行业的就业率明显滞后的最大原因。

明智的金融与财政政策在应对经济萎缩方面起着很重要的作用，但是这些工具既不能增加家庭的数量，也不能消除过剩的住房。幸运的是，人口状况和我们的市场系统将会重新恢复所需要的平衡状态——可能就在不久以后。当那天到来的时候，我们将会又一次做到每年建造100万甚至更多的住房。我相信在那个时候，那些专家们一定会对巨大的失业率十分惊诧。他们将会重新意识到那个自从1776年（美国建立）以来就一直不变的事实："美国最好的日子还在前方等着我们。"

尽管房地产泡沫的形成及破裂出乎意料，但是巴菲特说道，你还是可以预期有无数的情侣渴望成家生子。"那个灾难性的供需失衡现在已经逆转了。与每天建造的新房屋相比，我们每天都在建立更多的新家庭。动荡迷惘时期，人们可能会推迟结婚的日期，但是终究还是会由荷尔蒙控制局面的。经济萎缩时期，许多人的初期反应可能是选择与父母或配偶的父母住在一起，但这种将就着与上一代住在一起的想法对很多人很快就会失去它的诱惑力。"

交易突然遇挫的10个状况

当你研究一笔潜在交易的时候，不要只是看到那些积极的部分，还要看到这笔交易的方方面面。

交易的过程中常常出现种种情况，就像一场场演砸的戏：一次会面，因为某某原因，没有如你所愿的那样进行下去。很多因素、情况、事件都可以改变你对于一次会议的预期。下面我将举出10个你无法预期但会在你捕猎交易的过程中给你迎头一击的因素。

（1）人员。你的潜在交易对象派来了错误的人参加这次会面。你自己团队的一些人在开会前最后一刻突然说自己不能来了。

（2）技术。一切你需要的东西，如网络连接、投影仪、电话会议的电话机，突然罢工了，或者你的技术演示卡壳了。

（3）设施。一个房间只能容纳 8 个人，却有 12 个人收到了邀请，或者房间可以容纳 250 人，结果却只有 12 个人应邀参加。房间太热了或者太冷了。会议的地址变了，而出席会议者中有一半的人不知道新地址。

（4）敌意。有些人刻意破坏你和目标公司之间的关系，这个人会问一些干扰性问题，指出一些小毛病，并且主导着整个会议——所有这一切都是为了让你出糗，失去目标公司的好感。

（5）时间。会议的时间在开会之前的最后一刻发生了改变。一个小时的会议突然缩短到了半个小时，没有任何提前通知。

（6）打断。有些人晚到了，有些人早退了。有些人打断会议，只因为他想征求一下大家午饭想吃什么。有人在整个会议过程当中不停地交头接耳，窃窃私语。火警突然响了，你们必须撤离大楼 15 分钟。夏天里突如其来的暴雨迫使会议上的人纷纷冲下楼去赶紧关上自己的车窗。

（7）分心。窗外，工人正在用手提钻挖人行道。隔壁的公司里正在举行喧闹的退休派对。本楼层在开研讨会，中间休息的时候，研讨会参会人员纷纷在门外的过道中走动，甚至推门而入（找厕所？）。

（8）偏题。有人突然说了一句话，结果整个会议的重点就完全转移到一个新的内容上去了，而且到最后也没能回到正轨上来。

（9）篡位。有些人有一种吸引他人眼球（和耳朵）的心理需求，因此常常给你的演示报告加点儿旁白，有时还是很滑稽的语言，导致你一直不能正常地表述。

（10）准备。与会者们没有做好功课，所以你不得不浪费时间去给他们重新灌输一些他们早就应该知道的背景知识。

以上任何状况或者其他情况一旦发生，并且很有可能威胁到你的会议目标的话，你就应该直接宣布“本次演出中断”，另择会期：

“我很抱歉，虽然我们大家对今天这次会议的目标早有共识，但基于目前这种情况，我想我们很难完成这些目标了。我们不妨重新设定一下会议的目标，让这个新目标更符合双方的共识，然后再开会交流。因为我们非常注重一点，那就是绝不让我们虚度任何一寸光阴。”

不要过分信赖你的技术演示环节

做好准备，一旦你的报告、演示环节出了状况，你千万不能就此卡壳了，要不慌不忙地应对，然后继续下去。我目睹过很多次技术演示彻底演变成了技术“演戏”——滑稽戏。技术演示可能是你会议报告的一个重要环节，甚至可能是整个会议的目的，如果它出现意外了，你就得从容应对，然后继续推动整个会议的进行。至尊临床研究支持公司的斯蒂夫·斯旺森说过：“演示过程很少不出意外的，而且多与技术有关。但我们发现，如果我们坦率承认出了状况的话，情况往往会变得好办一些。我们承认自己的演示失败以后，我们那些真诚的客户反而会想尽办法给我们一些补偿。”

对不可预见问题如何做好准备

千万不能有这样的想法："好吧，我们就试试看到底能走到哪一步。"这是一个脆弱的想法，而且这无视你自己和你自己付出的努力。一个优秀的演示总是需要预先精心设计好所有的部分，这不同于一段简单的新闻采访音频或者 ESPN 体育中心的"精彩片段"视频。你必须确定你已经对结果作出了一个所有人都认为合理的准确预期，否则你就必须取消这次会议，并且重新制订时间表。

你可以通过在你的会议"演习"过程中增加一个或几个意外来增强你处理应急情况的能力。增加一个意外失败的环节将会彻底改变你的整个演示报告。为了让这次意外显得更加真实，在"演习"之前你千万不要告诉你的团队成员将会发生什么样的意外。往往会议中的意外是突如其来的，所以也要让大家"意外地"去练习和应对。

你必须在会议当天早上再次确认会议的日期、钟点、地点、会场大小，以及"确认参会人员"。如果你想当然地认为这些小细节不会出问题的话，你其实在冒很大的风险。

为了保证整个会议顺利地进行，你还可以在会议开始给整个会场来个"热身"。热身的关键就是让目标公司的参会人员从会议一开始就"打开话匣子"——这样可以让对方放松下来，让大家都"兴味盎然"。如果你只是像机关枪一样"哒哒哒"一阵痛快的扫射，自己一个人讲上 30 ~ 45 分钟，然后问一句"还有什么问题吗"，那你就失去了获得成功最宝贵的交流机会。如果你希望自己的报告能够成功的话，我鼓励你用一个问题开始整个会议，而且这个问题能让你的目标公司的人员讲上 10 来分钟。我们最喜欢的这类问题中有两个：

（1）“上次我们谈过之后，你们的营运/部门有些什么变化？”

（2）“你们在座的每一个人最想从今天这个会议当中得到什么信息或成果？”

这些问题可以让你对整个会议过程有一个较好的掌控，并保证你一步步地取得你希望的结果。你的目标应当是最大限度地避免意外。

给对方团队做“心理描绘”

研究一下人类心理。试着用“精神分析”法去分析你身边的人。这在很大程度上会帮助你对目标公司的团队成员进行“心理描绘”。首先，进行每个成员的“心理描绘”。

（1）确定对方每一个人的恐惧与忧虑。

（2）找出那些在个人生活当中可能导致他们在会议上分心的事情，如孩子生病了，自己要离婚了，或者最近有亲人不幸去世了。

（3）确定每一个人对你这个方案的视角。

（4）记下可能影响到每个人的任何其他人格特征、私人事件或者其他特点。

其次，你要对对方整个团队进行分析。

（1）弄清楚对方整个队伍的动力机制。

（2）弄清楚对方整个团队的担忧与其中每个个体的担忧之间是否有区别。

（3）注意对方每个人入座的位置。

（4）注意对方整个团队是否对某些人表现得恭敬，是否对某些人表现得不太在乎。

在你与目标公司的任何一个人第一次会面时，就要开始这些功课。不断累积这些“情况分析”，更新情报，巧妙利用这些信息，让它们在你的“交易战”中处于优势位置。

你可能在你下一次的巴菲特式大交易当中在会议桌上遇到各种类型的人。下面为你重点列举 4 种，不妨记在心里。

最危险的人：鳗鱼

在参与这次交易的人中，最危险的莫过于我们称之为“鳗鱼”的这种人。每次与潜在交易对象会谈时，总是会有一条“鳗鱼”——一个反对本次交易的人。总是如此。

巴菲特之道第 68 条

对人的判断很难完全准确

“判断一个人时，我们根本没有办法排除出错的可能性。”

那些“鳗鱼”们都喜欢躲在阴暗的角落里。你很难“抓住”他们，而且他们通常在你不在场的时候贬低你。他们说的话往往也是无关痛痒的东西，一般会是以下 3 种中的 1 种。

（1）“我很担心，如果当下做出一个改变的话，我们可能要付出太多的精力，难以应付。”

（2）“我们不妨在 SAP 升级完成之后再去做这次交易。”

（3）“你可别误会我，我认为这是一个很好的想法。我只是希望我们能等一等，等到有足够的资源来支撑的时候。”

这些人很有可能对于这笔交易所带来的改变心存恐惧，但又不愿意承认这种忧虑，相反，他们只会说自己因为原则问题而反对这次交易。他们可能担心如果一个新供应方出现的话，他们会因此暴露出自己的问题，并为此感到难堪，或者他们就是本性喜欢唱反调的守旧派。

不管是什么理由，对于这些人不能掉以轻心，要非常小心："鳗鱼"们拥有足以毁灭你的力量。在本次销售战役的初期，你就得"揪"出那些"鳗鱼"，并且想好怎么对付他们。下面是我们的一些建议。

（1）收编他们。采纳那些"鳗鱼"的建议，把它们"熔化"到你的方案当中。经常慷慨地把功劳归在那些"鳗鱼"身上。

（2）给他们拉纤配对。在你的组织（公司）当中找一些和那些"鳗鱼"具有相同话语风格的人。他们可能和"鳗鱼"有着"相当"的教育背景和行事风格，或者年纪相仿。不管他们之间是什么关系，这会建立一种友好纽带，从而进行非常规"频道"的沟通、对话，进而劝降这些"鳗鱼"，或者至少"中和"掉他们的"负性"。

（3）遏制"鳗鱼"。所谓遏制，包括两个方面：包容，承认这个人提出的所有小问题、小观点都有意义；转向，把整个谈话引向讨论解决大问题这个方向。你必须尽可能地去限制这些人对于你这次交易可能造成的影响的范围，不能让他们造成的麻烦"肿胀"，甚至溃烂，造成致命伤害。

（4）给他们找块别的"骨头"。有些时候，一个唱反调的人会在团队中渐渐失去听众，他自己也可能逐渐失去对本次交易的兴趣。你要做的就是对于目标公司及其问题有充分的了解，从而想办法让那些“鳗鱼”们的兴趣转移到一些别的与你这次交易无关的东西上去。

最让你头疼的人：专家

最能挑战你耐心极限的人，莫过于潜在交易对象公司的某些所谓的专家，或者可以说是某些“自以为什么都懂的白痴”。但是出于某些原因，目标公司的每个人似乎都很听他的话。

你向目标公司提交了一个新的、复杂的方案以后，目标公司的所有人都会求证于那个唯一的“信息之光”——大家都无比信任的、公司内部的某个家伙。因为这个“最聪明的人”，这位专家，知道关于这个话题的一切信息。就算这些专家压根儿在胡扯，大家还是充分地信任他们。

因为目标公司的职员对于专家非常信任，所以对付专家，你不能像对付别人一样，你要以不同的方式对待他们。下面是一些建议。

（1）“干”掉他们。除非你在目标公司内部的支持者历来怀疑那位专家压根儿就没有自命的那么博学，否则这招是不会起效的。用这招时你要很小心。专家是身披护身符的，因此，你如果想要通过让他们出糗的方式来“干掉”他们的话，很可能会“没好果子吃”。专家们要么在项目的“前线”，要么在公司里面，而且他们与公司的很多人之间存在职业关系和私人交情。那种“除了我没人可以去批评我妹妹”的心态常常会占上风，而你就会因此被拒之门外。

（2）无视他们。有些时候无视专家恐怕是你可以作的最明智的选择了。在你确定你已经搞清“地形”之前，对专家与目标公司出现在会议桌上的其他人员一视同仁。他提出的那些问题，做出的那些评论，与别人的反应一样予以重视，但并不另眼相看。使用这个策略时，只要掌握好一个度，一个平衡，确保让大家形成这样一个印象：这位专家尽管见多识广，但并不睿智。对目标公司团队中的专家，要维护他知识渊博的形象，但是又要确保让你的团队低调地显得稍高一筹，这会让你们处于有利的位置。

（3）“画地为牢”。为这个专家画出一个“地盘”，承认在某些明确的边界之内他是专家，但对他的专长之外就不妨存疑了。这样做的话，专家们会觉得自己的知识是被认可的，甚至可以从你这里收获很多恭维，同时，他们对于你的方案和对整个推销过程的潜在影响就会最大限度地降低。

（4）积极肯定。这个方法充满了风险。积极肯定对方专家的话也就意味着让他的观点主导整个对话。除非这个专家是你们公司的拥护者，并且你们很清楚他可以影响到目标公司团队的最终决策者，否则这位专家肯定会因为你对他的认可而变得一言九鼎。如果你打算积极肯定这位专家，你就必须从你需要的角度去“教育”他，直到他成为你所需要的真正的专家，从而在本项日中获得真正的专家地位。这样，你强化了他的权力基础，但同时他未来的角色对于你就显得不可或缺。

（5）转化他们。当那位专家已经很明确地选择另外一个方案，或者言之凿凿地认定你这个方案不会成功的时候，你可以使用这种方法——此时与其去说服、劝降，不如采取合作态度。在这种情况下，你要努力去接近专家，并且问他很多的问题。在他所有想法都已经摆上台面之前，不要去表达你的观点或者去反驳他。用提问的方法来让这位专家一步步“换挡”，最终切入你的思考方式。

专家们依赖的是他们的“专家”身份。他们不是那么容易就可以代替或者淘汰的，尽管他们对于你们谈论的话题的知识可能是有限的，但他们对于他们公司的了解还是比你们要丰富得多。你要去酝酿一个能让专家加入到你们这个圈子并与你一同进行决策的办法，而不是让他们在你的圈子外对你的计划指手画脚。

最让你气馁的人：惹不起的三种人

下面是三种迟早会在潜在交易对象的谈判桌上出现的人。

（1）漠不关心之人。在任何一个规模庞大且内容复杂的交易当中，你经常会发现对方公司的一些人对此完全漠不关心，或者表现得漠不关心。一笔大交易需要大量的时间，牵涉众多的人员。在交易谈判初期，一些与交易“没有毛关系”的人可能被要求参与进来。运气好的话，他们可能会自己选择退出将来的双方会议，或者被自己公司吩咐不必出席了。

如果有一个人在一开始就对你的方案漠不关心，而且一直是会议中的一员，你就必须找办法“消灭”他。漠不关心就好比一个巨大的风暴云团，如果不能很好地应对的话，它就会包围对方团队的所有人，从而拖延甚至毁掉整个交易。

有些时候，潜在交易对象会假装对你的方案无动于衷，从而诱使你泄露一些秘密。我们都有一个习惯，一旦出现尴尬的场面，我们就会没话找话，而那些漠不关心的人就是制造这种场面的专家。一句“嗯，我压根儿没有看出来这会带来什么改变”，就可能让很多的销售员激动、冲动起来，开始“拼了老命”向他们解释，等于提供了很多的免费咨询。

不要落入别人的圈套，要抑制自己的冲动。要么让对方说得明确一些，要么安排时间和这位漠不关心之人进行一次私下的交流。毫无根据的抱怨会为你们的整个讨论带来一种紧张的气氛，而且这种气氛不会对你的交易带来任何的帮助。

（2）过度投入的人。在一次大交易“狩猎”战役中，对方团队中某人的过度投入可能会成为你最大的好运之一，但也可能成为你最大的噩梦之一。这种“投入”可以加速你的交易进展，但是也可以让你、你的团队以及目标公司团队的其他所有人抓狂。

你的工作就是去强化其中的正面因素，同时“中和”消极因素。

对这种“过度投入者”，有一种建设性的积极回应之策，那就是在每次会议之前与他私下会面，向他讲述你在会上想要讲的要点，征求他的意见：问问他你该怎么讲才是最妥当的。强调实现你与目标公司已达成共识的目标的重要性。向“过度投入者”强化一种观念：必须尽量避免在会议上讨论只对其中某一个人具有吸引力而大多数人兴味索然的小细节。

如果你让“过度投入者”成为你方案的一部分的话——也就是说，如果你让他们充分参与到你的本次营销战役中来的话——他们有时可以起到很大的作用，帮助你跨过一道道坎。

如果你把他们晾在一边，他们就会拖慢你每次会议的速度，延缓你整个交易的进程。

（3）“否定派”。对于目标公司这些持否定态度的人员来说，本次交易是完全没有意义的。这些人总是把改变视作大敌。他们总是更喜欢公司按照老的那一套办法办事，“因为我们一直就是这么做的”。

在你的交易初期，他们就会想方设法来抵制你。因为你的目标公司的团队当中没有一个人是傻子，所以他也很清楚你在方案中建议（或带来）的改变必将发生。但是他绝不会让这些改变轻易发生。这位“否定派”对你的方案进行深入探究，找到许许多多小细节来与你进行争论，同一个问题你可能会被重复问到许多次。这样一来，双方会误入一个“偏题”的讨论，从而让整个会议脱离正轨。

“否定派”们可能嘴上会说很支持你建议的一切，但是当他们被分配到任务的时候，他们总会因为这种或者那种理由不去完成。因为他们口头上是支持的，所以你一时很难看清他们的面目并“猎杀”他们，但是不用担心，你要记住，行动胜于言语。

只要有可能，就把他们“踢出”双方的会议室。否则的话，他们的毒性将会活活把你和你的团队彻底拖垮。

如果你实在无法摆脱他们，而且必须和他们打交道的话，你必须按照下面 3 个步骤行事。第一步，请对方特别注意那些与他们当前的参考信息相冲突的信息和数据。第二步，高屋建瓴地提供信息，告诉对方为什么你所提供的“外部人信息”对于他们现在的境况是确实有效的，并非在说隔靴搔痒的“外行话”。第三步，忠告他们，如果他们继续沿着老路走，将会受到怎样的冲击。只有当人们得到他们判定为确实与自己息息相关的新信息的时候，他们才会去作一些新的决定。

最让你厌恶的人：谎话精

撒谎者可分无数类，有的撒弥天大谎，有的喜欢炮制小谎，有的说话半真半假，有的藏着掖着，有的口头上信誓旦旦，实际却在制造幻觉。撒谎者最大的罪过就是他们先对自己撒谎，然后再把这个谎言重复给我们听。

我们绝不自命有“读心”、“读面”的科学手段，而且我们对大众心理学中流行的所谓“肢体语言解读”理论抱有怀疑、警惕的态度。有的书上曾教导我们说：“当他向下或者向左看的时候，他就是在说谎。”对于这类玩意儿我们不可全信。然而，我们还是认为，有些“指示灯”确实可以帮助我们判断某次对话的真实度。我们要对这些小小的“指示灯”多加注意。

（1）不自量力的夸大其词。如果某个人做出的承诺远远超越了他在公司的地位或者他在项目当中的角色，他就是在不自量力地夸大其词。不久前，我们就碰到过这种人。我们咨询公司的一位客户最近向某公司推销某个方案，来自客户公司的某个信息技术经理非常想购买我们的这个方案。但是，按照他在公司的地位判断，他是根本不能就是否购买本次方案而决策的。他却声称他有权批准这次交易。他之所以如此“不自量力”，一方面因为他确实对于这个方案十分痴狂，另一方面则是他担心我们的客户会抛弃他，不让他参与到以后的谈判中。

（2）等待观望。在交易过程中，如果某人的行为滞后于他原定的时间表时，他很可能正在说谎。我们发现在这种情况下，这个人往往是一边让你继续咬着钩子不放，一边向当前的供应方“压价”，或者正在和你最大的竞争者谈判。

（3）天上掉馅饼。“价格不是这个决策中的主要因素。”“我们已经认定你们一家了。”“我们将会跳过所有的正常测试阶段，将它直接投入满负荷生产。”这些话我们都听到过，但是到交易过程的后期，这些话没有一句能兑现。他当时在说谎吗？我们想说的是，不，他没有。但是，很多事情，他本该很清楚毫无把握，他却鬼使神差地说服了自己，相信这是有可能的。他是先自欺，然后欺人。

（4）如果，那么。例如，他们会对你说，“如果你可以稍稍打个折，打个八九折的话，我们现在就可以成交”，你此时必须清醒，这些话只是他一张列满种种需求的单子上的一个开场白。这个撒谎者十分具有诱惑性，有魅惑力，因为他善于利用我们急于求成的弱点，让我们成为他的代理人，对他言听计从，然后拿着他的要求去跟我们自己的公司讨价还价。这种“如果，那么”型说谎者在因不能履行诺言而露出马脚时，就会归咎于自己公司内部的其他势力，说他们又拖延了，提出了一些此前没有提出的要求，其实就是在不停地跟你玩“如果，那么”的游戏，想要让你更多地让步。

当我们察觉到这些迹象的时候，我们一定要追查、追究到底，问个明白。自信，加上毫不掩饰的好奇心，再加上真诚，就会使你接近真相，不管对方是否心甘情愿地以实言相告。最重要的素质就是赤裸裸的好奇心——直接提问——所以你要去问一些让对方很不舒服的问题，不要怕让对方尴尬。我们惊讶地发现，人们对于应该提出的疑问，常常装傻不问，其原因竟然是我们害怕对方的回答——好像如果我们不去问这个问题的话，这个答案就不会成真。

你可以问如下这些不客气的问题。

（1）为什么这时候你们才考虑要作出一些改变？

（2）为了赢得本项目，我们究竟要在本项目的绩效改善上跨过哪个门槛？

（3）如果你们愿意和我们达成交易，谁会是你们公司当中损失最大的人？

（4）你们说要推迟 30 天后再作决定，那你们说说在这 30 天内究竟会发生哪些可以预期的改变，从而让你们可以作出更明智的决定？

（5）如果你们今天就决定与我们公司合作的话，最大的问题可能出在哪里？谁会第一个为此发难？

我们建议：基于你所拥有的关于目标公司团队成员的“情报分析”，通过“角色扮演”进行一次或者多次会议排练。让这种“演习”成为你的营销战役的一部分。

（1）安排你团队中两个或者三个成员来扮演你交易对象的团队，尽量去模仿对方公司每个人的行为特征。

（2）让你团队当中的两到三个人来扮演他们自己。

（3）接着你开始做你的演示报告。

你会发现做这种排练有时是多么的困难。但经过一次次练习之后，你会变得无比娴熟自信。这样，当问题出现时，你就可以从容地去应对。如果你团队中的人是"体验派"高手，有能力深入对方的大脑，他们想到、说出的话常能让你感到无比惊奇。

互换角色，然后继续"排练"不止，直到你的团队和你已经为各种状况都做好了准备。当你对所有那些意外情况都有所准备之后，你就可以兵来将挡水来土掩了。

巴菲特智慧结晶

坦诚相告自己在本次交易中的期待

当巴菲特出击的时候，他总是很清楚他要什么。他还想通过自己的并购交易构建自己的产业集群：保险业、家具零售业、建筑材料业、糖果食品业、鞋袜业、珠宝业，等等，他在这些领域频频出手。他最想要的是，他看得懂其商业模式的企业，而且对其产品人们的刚性需求即使在遥远的将来也不会有所改变。当然，他强调公司最好有持续盈利的历史，资本回报率比较高，负债率必须保持在低水平。但是在他喜欢的东西当中，最重要的，是诚实和勤奋工作的经理人。当经济模式正确，公司负责人值得信任的时候，你可以想见他是一定会做这笔并购交易的。我们说的这些都不是什么秘密。巴菲特在他的文章、他接受的访谈、他的公开演讲当中都提到过这些"秘诀"。

第14课

不挑衅，不惧战

与其说巴菲特是一个斗士，不如说他是一个“爱神”。他热爱他的工作，他只选择与那些他喜欢与之一起共事、合作的人做生意。然而，这其中还是有一些例外的。

巴菲特的生意自然是不可能全都一帆风顺的（因为人无完人）。早在 1987 年，伯克希尔·哈撒韦公司买下了所罗门兄弟公司 12% 的股权，这使得伯克希尔·哈撒韦公司成为了所罗门兄弟公司最大的股东，也让巴菲特成为了这家投资银行的董事。但在 1990 年，关于所罗门兄弟公司当时的首席执行官约翰·古特弗罗因德的丑闻浮出了水面。

“巴菲特总是会与合作伙伴处于‘热恋当中’，周围的人都说他很明显正与古特弗罗因德处于‘热恋之中’——刚开始时确实如此，”巴菲特的传记作者——艾丽丝·施罗德这样写道。

尽管所罗门兄弟公司的交易丑闻在很多书上已有长篇叙述，但我在这里还是简单介绍一下其中的关键所在：当时，所罗门兄弟公司的一位“无良交易员”挂出的竞买盘经常大大超过了美国财政部所允许的上限。当古特弗罗因德听说此事之后，他并没有及时辞退这名交易员。古特弗罗因德在 1991 年 8 月离开了公司，巴菲特接任董事会主席。直到本次危机过去之前，巴菲特一直担任这家公司的董事会主席一职。

1991 年 9 月，巴菲特被传唤到国会作证。他的证词毫不含糊，一点儿也不和稀泥：“我一定要追究，搞清楚在过去到底发生了一些什么，这样才能让那些少数犯错的人承担责任和污点，从而还无辜的人一个清白。”

巴菲特在本次交易中的立场非常明确，整个世界都可以看得清清楚楚。他要求政府动用所有可能的司法力量来增强打击力度。“让公司损失了资金，我是会理解原谅的，”巴菲特如此作证道，

“如果让公司的名誉受损的话，我绝不宽容。”

交易，不交战

假设你正在做一笔交易——一个内容复杂且规模巨大的交易，而你交易对象团队中的某个人开始和你对着干。这个对着干并不是指他提出不同意见或者提出质疑，而是一种非常明显的敌对态度。他不回你的电话，不回你的电子邮件，不去履行承诺，对你的要求搪塞敷衍，质疑你的能力、品格与历史。我说的哪种人，你一定不陌生。

你很清楚，这个人对本次交易很关键，但是他不是对方的决策人——他更像是机器的一个零部件。你很难让这个家伙端正态度，除非让对方的最高领导层出面。现在我们假设你已经尝试过所有传统的相处方法了：合作、妥协、奉承、贿赂。但都不管用。

这时你就要拔剑出鞘了。有些时候你不得不去战斗。下面我们来谈谈一些战斗的规则。

规则 1：别告诉对方你要出手了。如果你正准备出手，对内或者对外都别告诉你要出手的决定。如果你的交易对象、你自己这边的人或者任何其他人一旦问起，你的回答都是：“我们不过是在处理一些小问题而已，而且整体情况良好。”你要对任何一个还没被你打趴下的人都满脸堆笑：别在你的朋友面前洋洋自得，也别让你的敌人预先有所察觉。

规则 2：对他们使用孙子兵法。中国古代的军事家孙子曾说过：“不战而屈人之兵，善之善者也。”慎重地权衡你可以作出的所有选择。你是否可以不通过战斗就赢得这次交易呢？如果可以，这无疑比大打出手要好，而且一样能达到你的目的。

规则 3：别向低级别的人开战。如果你将要为一个问题开战的话，直接找到对方的上司。你只有一次机会，你必须直接找到交易对象谈判桌上最高级别的人员，这样才能让你立威。

规则 4：只说事实，不评述。你的观点，别人的意图，他先怎么说，后来另一个人又怎么说——所有这些都会让你听起来像个怨妇，显得十分脆弱。而且，在你的这次“诉苦”电话或者会议之后，你的敌人还会找到目标公司里你的支持者（毕竟他们是同一个公司的人），把这些东西全部都复述一遍，只要稍加“编辑”，就会对他们有利。只讲事实、数字、时间点，指出相关的关键文件、电子邮件、会议记录……你懂我的意思。

规则 5：只提问题，不指控。请问贵公司平时就是这样处理这类请求的吗？我们一旦达成本次交易之后就会以这样的方式合作共事吗？通过我们双方的讨论，我们以为对你们的流程已经非常清楚，有哪些地方你们认为我们其实没搞清楚或者我们的表现差强人意？你要善于提问，正如一个好的律师一样，在你提问之前，你得事先知道答案。

规则 6：在非关键问题上做出让步。你必须做出一些让步。每个人都相信你们的故事是有两面性的，所以你要做好准备，在一些非实质性的问题上做出让步，这些让步可以体现出一种平衡。你要注意的是交战中的核心问题。

规则 7：要干净利索。既然出手，就要玩真的。正如你不会把一条蛇逼到墙角，然后转身走开一样。不要出乱拳，而要瞄准软肋，一击放倒对方——把你们之间的过节、问题明白地摊到会议桌上，然后当场解决它们。出击精准，一击制胜，然后继续整个谈判。

巴菲特之道第 55 条

只打有意义的战役

在巴菲特与所罗门兄弟公司的交易中，巴菲特学到了这一点：“我当然可以斗得更狠一点儿，叫嚷得更大声一点儿。这样我也许可以对自己感觉更好一点儿。即使如此，也不会改变历史的进程。除非就喜欢为斗而斗，否则这毫无意义。”

规则 8：给对方一个台阶下。在你赢得胜利之后，你要记得给敌人一个台阶下。注意，如果是大公司，它一般不会开除你的这个敌人。公司会留下他们。所以你必须给他们一个台阶，让这些人保住面子。简单的方法就是换个谈话主题，将过节归咎于困惑、误会等。关键在于，一旦你赢得了战斗的胜利，你一定要表现出风度。记住，你很有可能要和这个人长期打交道。

请不要误会我们的观点。在过去，一旦碰到不得不开战的情况，我们输多赢少，原因很简单：我们的对手在堡垒里面，而我们在堡垒的外面。里面的人占据高地的地理优势，所以你不能“俯冲”，只能吃力地尝试其他攻击角度。你处在最后一条壕沟里面，你的开战，就是“最后一搏”。有时候这会奏效，而只要奏效，你也算没有白费工夫。但是更多的时候，你的战果会很有限，你死得很悲壮，让你可以无憾地离开。现在这个时代，这种伟大与悲壮所值有限。

巴菲特智慧结晶

不虚言诈唬，不玩小孩把戏

巴菲特说道："我们从不虚言'诈唬'。反正这不是我的风格。人的一生中都会积累起一个名声：你要么是个虚言诈唬的人，要么是个从不虚言诈唬的人。因此，我总要让世人明白我不是一个干这码事的人。"在他的交易实战中，在他对诚实品格的绝对强调中，我们都能看出，巴菲特从不玩虚的。在所罗门兄弟公司任董事会主席时，他给所有的雇员写了一封长信，要求所有人向他报告公司内部所有的违法行为和不良行为。他在信中甚至还留下了自己家里的电话号码。他希望所罗门兄弟公司可以通过他所谓的"报纸头版测试"。信中说道："我需要所有的雇员都问自己一个问题：他们是否愿意因自己的某个有意为之的错误行为而登上第二天当地报纸的首页，让他们的配偶、孩子、朋友都读到，而且发现这篇报道出自一位严谨的记者之手。"

第15课

该快则快

巴菲特喜欢快速交易。

巴菲特曾在一天时间里以5500万美元的价格从罗斯·布朗金（著名的B太太）手中买下了规模巨大的内布拉斯加家具商城90%的股份。此后，他意识到自己犯了一个错误，从而学到了十分重要的一课。在6年后，也就是1988年，他在写给伯克希尔·哈撒韦公司股东的《致股东书》中描述了自己所犯的错误。

“你们的主席犯了一个大错，他忘记了询问B太太一个简单到甚至很多小男孩都会问的问题：‘你们家里还有这样的好东西吗？’上个月我纠正了这个错误：我们现在拥有这个家族另一个分支的80%的股权。”

当机会出现的时候，巴菲特毫不犹豫地购买了博西姆斯珠宝饰品商店的股权，这家店占地25400平方英尺，总部坐落于奥马哈，经营珠宝以及桌面装饰用品，主要由B太太所在家族的另一半——弗里德曼家族——来经营。

“大部分人，不管在其他问题上有多么的成熟、精明，但在购买珠宝这个难题上都会变得像森林里的婴儿一样，”巴菲特在1988年写给伯克希尔·哈撒韦公司股东们的《致股东书》中如此写道，“他们无法鉴别东西的品格、质量以及价值。对于他们来说，只有一条规则是有用的：如果你不清楚珠宝质地的话，你得去弄清楚珠宝商的质地。”

布朗金在1917年俄国十月革命之后逃离了俄罗斯，来到美国，与两个同胞兄弟姐妹会合，后来她的双亲以及其他5个兄弟姐妹也接踵而至。丽贝卡·弗里德曼正是这些姐妹当中的一员，她和她的丈夫路易斯·弗里德曼在1922年逃离俄罗斯，来到美国西部。当这些家庭成员重新在奥马哈团聚的时候，夫妇俩根本没有任何的有形资产可言，但是他们克服重重困难，投入零售行业，完成了从赤贫到巨富的戏剧性改变。

1948 年，弗里德曼夫妇买下了博西姆斯，那是一家奥马哈的小珠宝店。1950 年，儿子艾克加入他们的队伍，参与珠宝店生意的打理，随着时光流逝，艾克的儿子艾伦以及夫妇俩的两位女婿马文·库恩与唐纳德·耶尔也参与进来。

巴菲特如此解释他对这家公司的“热烈追求”并最终成就“秦晋之好”的过程：“我可以向你们保证，所有信任艾克·弗里德曼及其家族的人从来都不会失望。我们买下他们公司股权的方式就是‘终极证言’。博西姆斯珠宝商店没有给我看任何经过审计的财务报表；尽管如此，我们还是没有去清点库存，确认应收账款或者审计其营业状况。艾克只是简单地告诉我们他公司当时的状况——而我们也就在这样的基础上签署了一张一页纸的合同，并开出了一张巨额支票。”

“随着弗里德曼家族名声的远播，博西姆斯珠宝商店的生意在近几年如雨后春笋般迅速成长、壮大。现在全国各地都选择到这家店来购买珠宝。其中不乏一些我的东西海岸的朋友们，他们事后还很感激我把这家店介绍给他们。”

同处奥马哈市的博西姆斯可谓就在巴菲特家的“后院”。“与你长期仰慕的人一同工作是一件十分快乐的事情，”巴菲特如此说道，“弗里德曼家族，就像布朗金家族一样，都获得了他们应得的成功。两个家族都把重点放在了顾客的身上，强调顾客的利益就是自己的利益，而这种行为，必然也会让他们的生意做得越来越红火。他们是我们最棒的合作伙伴！”

奥马哈的博西姆斯珠宝商店在 2006 年改建之后，现在占地 62500 多平方英尺，而且他们的存货数量一直保持在 10 万件以上。

2012 年，巴菲特个人在“股东 5 月优惠周末”促销活动中的珠宝销量连续第二年创出新高。这次活动吸引了 35000 多个伯克希尔·哈撒韦公司的股东、媒体人员以及其他来到奥马哈的宾客参加。事实上，博西姆斯营销和广告总监阿德里安娜·费伊表示，这个周末的业绩表现甚至已经超过了圣诞假期促销季的销量。

巴菲特承认他是一个“不害臊”的促销者。“我将会在博西姆斯站柜台，拼尽全力去打破我去年的销售数字，”在巴菲特2012年的《致股东书》中，他这样写道，“快来占我便宜吧。让我给出‘巴菲特疯狂价’吧！”

不要拖延，因为时间是交易的杀手

对于大部分我们参与或者听说过的大交易来说，交易的真正达成并不是双方在一个房间里拿着一份合同和一支很粗的钢笔来完成的。

巴菲特之道第44条

交易以简约为美

不要把协议搞得过于复杂。“商学院的老师喜欢深奥与复杂，但现实世界中，简约最有效。”

这句话也适用你的下一个巴菲特式大交易。很有可能，交易真正达成或者对方作出本次交易决定的时候，你压根儿不在场。甚至很有可能你根本不知道是在哪个时间点上、哪个地点本次交易就成功了。真正发生的情况，真正说过的话——双方坐在会议桌两边，相视一笑然后同意继续一起走下去——一般是不会记录下来的，至少不是很详细地记录下来的。

你下一次大交易的完成过程，和所有别的交易一样，将会是个混乱无序的过程。它十分“无组织无纪律”，甚至还有点儿“随性”。因为交易过程中总会有人性的因素。

双方的交流通过有序和无序两类方式进行，其中包括以下种种。

（1）正式讨论。在董事会会议室里，一个决策团队就你的方案进行十分正式的探讨。

（2）饮水机边低声的游说。“你认为来自 XYZ 的建议书怎么样？”

（3）“生存者”游戏式的无序。其中包括结盟、突袭、奇袭、权力诡计等。

（4）背景调查。在扣动决策扳机前需要进行外围调查或者搜集其他的“社会证据”，如别人对你们公司的评价。

（5）重要决策者与你再次接触。在决策谈判前，对方关键的决策人与你主动进行了联系（对方的话往往都是这样的：“如果你们获得了这笔生意，你们可以在两周而不是 6 周内就开始吗？”或者要求作出别的一些改变）。

（6）支持者指导。你在对方公司内部的支持者与你联系，教你应该去做些什么，指出你在哪些方面失了分，但还是可以补救的，以及你应该如何去做。

（7）内部抵制。觉得这次交易可能影响到自身利益的人会使用各种可能的办法来颠覆整个交易，这样这笔业务就可以留在他们原来的部门或地区，或者控制在原先的预算之内。

这个列表可以继续写下去，写很长很长。但重点是，我们很难从时间上清晰地定义一次交易“达成”的真实时刻。

我们不自欺欺人

如果我，或者任何人，告诉你说，我这里有个诀窍或者技术，凭它你就可以拿下7位数、8位数甚至9位数的大订单，理性上来讲，说这种话就是在撒谎。

把你捕猎巴菲特式大交易的过程想象成从草案到形成动议再到最后立法成功的过程。在这过程当中，有些是在摄像机前发生的，有些则是在紧闭的大门后完成的。

在摄像机前，立法过程都受制于一套复杂难懂的程序规则，名为“罗伯特议事规则”。但是在紧闭的门后，其过程简直就像“狂野的西部”。

在摄像机前，目标公司对你的建议书的议决过程，在典型情况下，看起来协调有序，程序专业，有板有眼，与对方向你描述的情况并无二致。它是一种“理想模板”，反映的是标准交易的标准过程（其实几乎不存在这种标准交易）。这种标准交易过程一般遵循以下几个步骤。

步骤1：搜集信息。

步骤2：审议。

步骤3：最终考量。

步骤4：宣布决定。

步骤5：结束。

现在我们可以做的就是分解整个议决过程，化为以上列出的5个步骤，接着讨论如何让自己在“门后面的议决过程”中胜出。

搜集所需信息

你可能会想，“不对啊——我们已经见过面了，我们谈过话了，我也已经提交了我的方案了。难道收集信息的过程不是已经结束了吗？”不是的。你的交易对象或者交易对象们仍旧在努力搜集关于你和你的方案的各种信息，其中包括进一步调查询问，以澄清有关你方案的某些疑点，提出“二级要求”以求证某些已有信息，启动补充查询，等等。

当你被问到这些问题的时候，你应该表现得十分乐于效劳，回答要全面透彻，反应要积极主动。你还应该把这样一个回答的过程视作为你自己搜集信息的一个侦察环节。

巴菲特之道第 38 条

不要养成稀松的交易习惯

“习惯的枷锁很轻，轻得你都感觉不到，一旦你感觉到了，这套枷锁已经重到你无法打破。”

简单规则：如果你被问了一个问题，请你也向对方提出一个问题。

在对提出的问题给予了全面、透彻的回答之后，把讨论扩展开来，使之能够回答以下这几类你应该问的问题。

“方案的这个部分对于你来说哪一点是重要的？”

“你的交易对象对于这个方案最大的疑惑是哪个部分？”

“就这一部分而言，我提供什么样的附加材料对你们最有帮助？”

在这个阶段，你最好的应对之策就是做到反应积极，回答全面透彻。交易中的这个议决过程是由你的目标公司驾驭的。如果你在对方公司内部有一个强大的支持者的话，你在这个阶段需要问他下面几个问题。

（1）决策者们为什么现在还在犹豫不决?

（2）到目前为止，是不是某个公司给出的方案十分优秀?

（3）有没有危险信号？什么危险信号?

在这个阶段，你要寻找的是对方议决中考虑的大问题。

（1）在路径、定价与方案的细节等因素中，哪一点排在最前面?

（2）参与方案"一读"[7]的人们，他们最关心与最忧虑的是什么?

在完成交易之前你还有很长的路要走，如果你还有时间的话，就要努力去收集这些信息，以求巩固领先优势或者修补你的漏洞。

巴菲特智慧结晶

两件事有时急不得——爱情与交易

交易中不要拖延，但交易又最忌急于求成。这两点并不矛盾。拖延会毁灭交易机会，因此，要该快则快，如雷厉，如风行。但是，又不能太快，欲速则不达。巴菲特写道："在搜寻交易对象时，我们的态度与找结婚对象时的正确态度一样：要积极努力，全身心投入，头脑开放，但千万不要急于求成。"

如何才能知道某个交易对象适合你？巴菲特曾对《华尔街日报》说道："这就像娶妻结婚，你是喜欢她的眼睛呢？还是喜欢她的人品呢？你娶的是整个人，你不能把她的各方面分离开来。"如果你认准了这个公司就是你的目标，那就立即行动，大胆追求。

---

[7] 按照美国等国的国会议事立法规则，任何一个立法议案至少要经过三次重要审议，称为"三读"，所谓"一读"（a first reading）就是第一次全面讨论。

第16课 最后时刻

巴菲特曾差点儿在最后一刻让他这辈子“最甜美”的交易从指尖流走。他愿意以 3 倍于账面价值的价格收购一家加利福尼亚州盒装巧克力制造公司，但是这个价格还是不能让对方满意。

“当你到达‘窒息点’的时候，你要退出，”巴菲特说道，“我曾经中途放弃过很多交易，而且是真的放弃，而不是故作姿态。我放弃了与喜氏糖果（See’s Candies）的并购交易。他们的要价达到了 3000 万美元，而我们的出价只有 2500 万美元，我们因此退出了这次交易。幸运的是，他们最终还是妥协了，接受了我们的报价。”

直到巴菲特与他的合作伙伴查利•芒格在 1972 年收购了喜氏糖果之后，巴菲特才真正完成了他作为一个交易大师的成长过程。在那之前，巴菲特从来没有以高于账面价值的价格收购过任何一家公司。

也许你从来没有见过或者品尝过这家加利福尼亚州糖果店的巧克力，但那个戴着眼镜、满头银发的老奶奶永远以慈祥的微笑看着你。这个形象印在产品外包装上，运往全世界各地，让人难以忘怀。它来源于创始人的母亲玛丽•喜。早在 1921 年，查尔斯•喜（Charles See）从加拿大来到美国加利福尼亚州的洛杉矶，决意从事糖果生意。他按照他母亲的外表设计了这样一个形象。查尔斯与他的母亲以及他的妻子佛罗伦斯在洛杉矶开了第一家喜氏糖果店，采用了前商店、后厨房（工场）的格局。

一尘不染、黑白相间的店铺设计和玛丽•喜家里的厨房一样。这种高品质的糖果一炮走红，大获成功，在 20 世纪 20 年代中期，喜氏的店铺已经达到 12 家之多，而到了大萧条时期，增长到了 30 家。到 1936 年，喜氏已经扩张到了旧金山市场。到玛丽•喜在 1939 年以 85 岁的高龄离世时，公司已经成熟、“成人”，可以脱离母亲的呵护独立营运了。

“二战”之后，加利福尼亚州的人口陡增，于是他们家族在全州各处都开设了自己的店铺。在 20 世纪 50 年代，喜氏接受了当时新生并正在迅速成长的大型购物中心模式，开始在这里面开店。不管店开在哪里，喜氏始终保持着它一贯的黑白相间的风格。

今天，喜氏糖果在美国西部有 200 多家分店，还有很多分店遍布各大机场。整个公司的营收是十分具有季节性的，11 月和 12 月的销量可以占到它们一年总销量的一半左右。

“当蓝筹印花公司在 1972 年买下它们的时候，喜氏的年度销量是 1600 万镑，”巴菲特在 2007 年的《致股东书》当中如此写道，“（当时查利和我控股着蓝筹印花公司，后来我们把它并入了伯克希尔。）去年喜氏的年度销量是 3100 万镑，年增长率只有 2%。但是喜氏家族在 50 年当中积攒起来、后来又由查克・哈金斯和布拉德・金斯特勒培育壮大的长久的竞争优势为伯克希尔・哈撒韦公司带来了不俗的成绩。”

除非巴菲特感觉自己对于一笔交易未来 20 ～ 25 年的收益有个比较清楚的预计，否则他不会参与到这笔交易中。尽管巴菲特有着异乎寻常的商业嗅觉，他愿意并购的公司都必须拥有一个十分吸引他的品牌，否则他“捏”在手里也不会感到真正舒服。

“我们寻找的公司要身处一个稳定的行业，并且拥有长期的竞争优势，”巴菲特在 2007 年写道，“如果这家公司此外还有实现‘快速有机增长’的实力，那是最棒的。就算它没有有机增长的能力，这样的公司还是让人愉悦的。”

下面就是巴菲特在 2007 年的《致股东书》中阐述的关于这笔交易的金钱方面的内容。

让我们来看看这个‘梦公司’的原型——我们的喜氏糖果。它从事的盒装巧克力制造产业并不是十分吸引人：它在美国的人均消费很低，而且没有增长。很多曾经辉煌的品牌现在都已经消失了，而在过去的40年中，只有3家公司的盈利是比较说得过去的。实际上，我相信，尽管喜氏的大部分营收只来自几个州，但它的营收额依然可以占到整个行业的近一半。

我们以2500万美元的价格买下了喜氏。他们此前的开价达到了3000万美元，而税前的盈利额不到500万美元。当时需要运作整个公司的资金成本是800万美元（每年还需要进行少量的季节性举债）。这样一算的话，这家公司每年税前盈利可以达到所投入资金成本的60%。两个因素帮助我们实现了营运成本的最小化：一是他们的商品都是现金交易的，这样就不会产生应收账款；二是商品从生产到销售的周期很短，这样就可以实现库存的最小化。

在2007年，喜氏的销售额达到了3亿8300万美元，而税前盈利额为8200万美元。所需营运资本为4000万美元。巴菲特知道，就算在商业如此发达的美国，也很少有像喜氏这样的公司。他向他的股东们解释道：通常来说，一个公司的盈利额从500万美元增长到8200万美元，其所需的资本投入为喜氏实现类似增长而投入的资金的10倍。

这里给以上的“喜氏数学”作一个补充：在支付企业盈利税之后，伯克希尔又把剩下的钱都投入到其他诱人的企业中。巴菲特在2007年的《致股东书》中写道：“正如亚当和夏娃的激情创造了如今全世界60亿的人口一样，喜氏为我们创造了许多现金流入的渠道。”

巴菲特把与喜氏的交易视作自己最大的失败之一，而不是他最成功的故事之一。为什么？因为他几乎让这次交易从他的指尖溜走了。

不碰终点线绝不松懈

有个思维的误区要避免：不要认为对方收到你的正式方案或计划书后才会对你的公司进行审议。其实在那之前他们早就开始了相关的调查。

让我们阐述一下这是什么意思。

本书作者之一汤姆曾经促成的最大的生意之一，就是帮助其客户赢得竞标，得以为一家国际运输物流公司提供外包呼叫中心服务。这个运输公司对竞标公司的审查工作十分磨人，持续了整整 4 个月，包括现场勘查、人员面试、营运演示。有 10 家公司进入到“半决赛”中，而这当中又有 3 家进入到最终的决赛。决赛的“目标”是一份多年度、价值几百万美元的合约。

入围最后决赛的 3 家公司当中，有一家第二天就送出了自己的最终方案，但是它递送方案的快递公司却是目标公司的竞争对手。该目标公司拿到了那份方案之后连看都没看就扔进了垃圾桶里面。一个小小的失误导致了巨大损失。很明显，这家竞标公司只是简单地告诉自己前台的某个人，说明天必须把这个“文件”送达目标公司，而那个人完全不知道这个文件究竟是个什么东西，也从来没有考虑过将这样一份文件装在那家快递公司的信封去送将意味着什么。

当你的交易对象正在审查你的公司，拿你与其他公司比较的时候，你要记住：你的交易对象公司在选择供应方时并不尊奉什么“普世信仰”，他们不可能对自己的竞争对手与别家公司一视同仁。

对方团队中的每一个人（或者，甚至可以说是一对想要购买人寿保险的夫妇）都会把自己独有的个人“考虑”带进来。就算是在一次完全无偏见、对任何一家供应方都不存在先入之间（当然，这是绝对不可能存在的）的讨论当中，人们实际上也会有所偏向。

巴菲特之道第 96 条

如果你发现情况糟糕，就应竭力体面脱身

“如果你发现自己陷身于长期漏水的船上，则换船比补漏所付出的努力更能带来积极效果。”

你必须准备做以下这些事情。

（1）让你的整个方案对于每一个看到或者听到这个方案的人来说都感觉是为他一个人量身定做的一样。

（2）如果有别的供应商被邀请参与竞标的话，你要潜移默化地去影响目标公司在你与其他供应商之间所作的比较。

（3）引导整个讨论。

通过这些步骤你可以营造出有助于你获得下一个巴菲特式大交易的十分有利的外在条件。就我们所见所闻看来，很少有人或者公司提交了方案之后就撒手不管，就在那里等着对方回复的。这样被动等待最后又能达成交易的少之甚少。从大部分成功案例（包括我们参与的几乎所有大交易）看，大家都需要在这个阶段十分警醒。

一般而言，在谈判交易过程的这一阶段，你唯一能够“发声”就是你所提供的文件。你的方案、价目表、附录以及其他东西，都是对方做出选择时所凭借的基础。

就算你已经提供了逻辑性很强并且考虑周全的材料，你也不能认为对方的决断过程就会是充满逻辑性并且考虑周全的。因为整个过程是有人参与的！这就意味着整个过程可能随时都会发生变化。

你在一开始就要考虑到，整个方案提交之后，你的命运就似乎失控了，你是不会出现在对方举行审议决策会议的会议室里的。想到这一点后，你会怎么样去准备你的说明演示会或者撰写你的整个方案呢？

我们先来讨论你必须要做的一些事，要注意的一些问题。你很有可能在此之前就已经做过这些事，对这些问题尽到了注意义务。如果你没有做过，你现在就应赶紧去做。

前期

1. 做好“家庭作业”

在营销战役中，我们可不喜欢去玩什么“概率游戏”，相信你应该也不喜欢。

第一，你要努力降低你脱靶的风险，尽可能地了解所有将会参与审查你方案的人的各方面信息。

第二，你要知道方案是不是被“交”给别的供应方了，如果是的话，交给了谁？

第三，你要知道对方审议你方案的整个流程，了解对于交易对象公司的不同个人与整体来说，你方案的哪个部分是最重要的。

第四，你的交易对象公司在最近的 6 ~ 12 个月中作了哪些购买决定，是什么又驱动他们作出了这些决定呢？

做好这些功课，你就可以安排一个从总体框架和具体细节上都十分符合交易对象公司需求的方案。

2. “丑”问题先直截了当地问清楚

一开始你的脑子里就要想好最终的目标，并且一直要有这个目标。一旦你有资格去争取机会的话，你的目标就是逐渐接近你的交易对象，其中重要的一步就是呈递你的方案。你要尽可能详尽地获得信息。所以，在你准备方案演示或撰写计划书之前，要先问清楚那些“棘手”的问题。

这些问题包括但不仅仅局限于下面这些。

- 当你们公司准备作出重大决定的时候，一般的流程是怎样的？
- 在过去，当一些类似于我们这样的公司想要与你们公司合作的时候，有哪些原因导致了他们的失败？
- 当你们公司在考虑一个像我这样的供应商的时候，哪三个因素可能会导致决定性的差异？
- 我们公司所提供的方案要有怎样的前景才能让你们接受？
- 如果我们一起合作的话，在我们按部就班地执行方案且为你们带来效益的过程中，你们公司的人要看到些什么东西才会感到满意，并觉得方案在真正走向预期目标？

这些问题可以帮助你搞清楚，如何在你的方案中对正确的人作出正确的回答。它们还可以帮助你避开雷区：在交易对象考虑你的方案的时候，这些地雷不一定看得见，但它确实存在的。

准备演示报告或计划书

1. 让每个人都看到或听到他关切的信息

财务人员想要知道数字，营运人员想要知道整个过程，支持者想要你把方案的核心利益“换算”成时间、钱和风险。每一个读过你方案的人都正在寻找他要找的东西。他不仅想看到这些答案出现在你的方案当中，还要以一种他能够看到的方式看到。这最后一条十分重要。让某个部分的内容出现在你的方案当中还是远远不够的，你还要尽力让这些内容被那些需求它的人很容易地看到。

我们提供过咨询服务的某公司，曾经向其目标客户提供过一个十分具有技术性且很复杂的方案，想以此来赢得它历史上最大的一笔交易。在我们帮助其准备方案的过程当中，定价方案与成本论证文件就写了一页又一页。这些内容确实十分重要，但是我们很清楚这些东西的真正价值被深“埋”在这些复杂的计算和假设下面了。

目标公司的首席执行官、首席营运官、首席财务官都需要详细地了解这些数字。所以，对于方案的这个部分我们准备了三个答案。

第一个是“结果”，我们把它用粗体字呈现在页面的最上方。只用一页的篇幅，我们就写出整个项目第一年以及第一个三年期的净效益。这是给首席执行官看的。

第二个是“钱是怎么运作的？”我们也把这个标题用粗体字

写在首页的最上方。这部分有几页长，阐述我们如何找到了这个有效的商业方案，以及这个方案为什么适用于对方的企业。这些是给首席财务官看的。

第三个是“我们方案的商业模式论证”，我们也把这个标题用粗体字写在了首页的最上方。这一部分是给首席营运官看的，而这一部分的所有材料都来自我们原先准备的文件。

正如我们预料的那样，我们收到了分别来自那三个人的电话。每一个人都对我们说了声“谢谢”，然后问了我们一些问题，最后作出了“这对我们很有帮助”的评论。我们后来获得了这笔业务。两家公司合作以后，一再听到的一句话就是：“看来你们的人对于我们商业模式的了解比我们自己还透彻啊！”

事实是，要了解你计划书的读者或者目标公司的团队，就要了解对方公司所在行业的商业模式。

2. “什么”与“怎样”一样重要

我们已经写过很多次，你公司的竞争优势可以让你进入最终的决赛名单，但是能让你最终赢得交易的是，你让你的交易对象在与你交易的时候感到安心舒适的那种能力。而要做到这一点，你需要透明——清楚地向对方演示你将“怎样”带来那些收益，而不仅仅是告诉他们能得到“什么”收益。

每一个交易对象都会下意识地或者有意识地掂量一下自己是否押对了宝。他会考虑这么一个问题：“如果最后搞砸了该怎么办？”如果这真的发生了的话，他将怎样去处理其不良后果及其次生影响？通过向交易对象展示你帮助对方获得预期结果的路径与过程，你实际上就是在安慰他，告诉他你的方案十分扎实，让他对于整个方案的结果充满信心。

在本书的前面某个章节中，我们曾经讲到过一位获得了 9 位数大单的客户，而当时他谈判的进展曾因为上面所述的原因而被拖缓。交易对象想要与他们公司合作，却迟迟下不了决心。成本效益分析很清楚，明显会带来很大收益。潜在供应商（我们提供咨询的那家公司）的资质也十分厚实。然而由于对方公司的几个部门担心犯错，他们一拖再拖。只有当供应商公司展示了用以执行这个项目的完整流程与系统——对方“怎样”才能实现预期效益——以后，这笔交易才得以达成并进而执行。

注意了这些关键事项，贯彻了上述各个原则之后，你就能写好方案，做好推介演示。即使在你不在场的时候，阅读你的方案的目标公司团队成员，也可以感受到其中强大的说服力。

3. 请出你的终结投手

这一招最有效，我不但自己用，并且也推荐给客户用。在对方公司审查你们，并把你们公司与别的公司作比较的时候，应让客户中对你们公司十分满意的某位高管去联系交易对象对应位置的高管。首席执行官跟首席执行官联系，首席营运官跟首席营运官联系，依此类推。让他们留一封下面这样的语音邮件。

我是__________，是 ABC 公司的__________（职位）。ABC 公司是__________（ABC 公司的经营主业）领域 1 亿美元级别的供应商。我知道你们正在考虑与 XYZ 公司（你的公司名字）合作。我想告诉你们，我们与 XYZ 公司合作已有 × 年。XYZ 公司是一个很棒的合作伙伴。我很欣赏他们的一点是，他们能______________________________（这里讲出一个你知道的且对交易对象来说十分重要的关键性评价）。如果你愿意，我很乐意给你讲讲我与XYZ公司合作的体验。你可以在方便的时候联系我，我的电话号码是________________。

在营销过程的初期就向对方提供旁证或者推荐人也是个不错的方法，但是，正如棒球队当中常常需要一位终结者来结束比赛、保住胜利果实一样，你也需要一个这样的人，而充当这个角色的常常就是一个旁证，一个推荐人。

4. 警惕捣蛋者

在做出最后定夺之前，很有可能交易对象团队当中的某一个人会建议再让另一个供应商加入到竞标当中来。如果交易对象团队的人对于你的方案很感兴趣，但是同时他们还想让你和你的潜在对手进行一次对抗的话，你应该怎么做呢？

你第一步要做的就是找到这个决定背后的东西。你和你的团队必须尽到“注意义务”，弄明白为什么交易对象会那么做。对其中某个因素，你是否能施加影响？是不是这里有某个超越你控制力和影响力的东西？如果你这是第一次听说对方有此反应的话，你要十分警觉，因为这可能表明你和交易对象的潜在关系或者你在对方公司内部的支持者的态度亮起了红灯，或者交易对象的内部规章制度发生了改变，也或者你从一开始就疏忽大意了，没有尽到“注意之责”。

下一步，如果你能继续坚守，并解决导致这个情况发生的背后问题的话，那当然是上策。你和你的交易对象将学会如何去合作，从而实现共同目标。

也有可能，碰到这种情况时，你决定离开——这也无可厚非。但是你要记住，这么做的话，你就把你的方案彻底丢在了身后，而且还给对方提供了无价的免费咨询。这将是一次惨痛的教训，使你在选择交易对象和选择支持者时变得更加谨慎。

你还可能决定留下来继续战斗。如果你选择这么做的话，你不能简单地以“我非常希望你能选择我们做供应商”这样的恳求来游说对方。你的路径应当更加具有策略性。

下面是我们的一些建议，教你如何制订一个很有策略性并且很有希望取得成功的计划，有助于你“留下来继续战斗”。

建议 1

把你的竞争对手彻底“扔到车底去”。在你所在的市场中，你和你的竞争者们有很多的相同点。你要承认这些相同点的存在。在你和你的竞争者之间，可能相同点比不同点要更多。现在我们假设你们之间有 90% 是相同的，还有 10% 是不同的。

对于这个 90% 对 10% 的比例，你最好的选择就是去承认它们，并且让它们成为对你有利的条件。向你的交易对象指出这些不同，尽你所能为对方列出一张表，上面列举业内绝大多数公司“都可以干”的事情。

精心设计你的谈话。你要向对方表明你已经非常熟悉、非常精准地把握了对方的市场状况，接着再向对方解释为何你的公司是最好的选择，你们提供的是最佳方案。

接着你要向他们解释，为何在别的条件下，你的竞争者们的方案也是很好的。当然，这种条件目前不成立。

这个方法的重点之一就是赞美你的竞争者。别急，别急，我们知道这种做法似乎是反直觉的。

但是这就是你要做的事。

判定竞争者的方案是优秀的——当然只是在非常有限的条件

下——而且这些条件目前阶段完全不适用于你的目标公司和你的竞争对手们。对话中你所要说的话必须遵循以下要素。

（1）进化（Evolution）。描述一下整个行业的历史演化，包括整个市场和客户群体基础的演化，接着具体告诉对方到底发生了一些什么样的变化。在这样一个模式之下，你可以谈谈20世纪90年代、21世纪初以及当前这三个阶段的三个不同“世界”。通过对历史演化的描述，你可以告诉对方，你的竞争者的优势只属于过去的世界了。

（2）革命（Revolution）。技术、市场管控、海外竞争者以及其他环境因素已经让经济格局发生了“革命”。通过把你的竞争者的方案定义为“很好的但过时的方案”，你能“弱化”它们的价值，同时又能凸显你的价值。

（3）转移（Devolution）。世界正在不断缩小——用一些类似于“地方性竞争需要的是……全国性竞争需要的是……但是全球性竞争需要的是完全不同的东西”这样的话语方式来把你的竞争者“框定”为一个有限优势的拥有者，比较适应区域性竞争主宰的时代与世界。

当然，你必须指出你的公司现在——此时此刻——已经有能力满足交易对象在金钱、时间、风险上的需求了。相比于你的方案，任何一个别的选择都会消耗更多的时间，花费更多的财力，而且没有你的方案思虑周全、缜密、先进。

建议2

坦率地告诉目标公司，他们在寻找供应方时应该问一些什么样的问题。“如果是我……”，这是你希望能够“植入”到交易对象耳朵里的句子。这件事必须很小心地进行。你不是在贬低你的竞争者。你要做的是客观地给你的交易对象提建议，告诉他们应当重点关注方案的哪些方面。你的“如果是我……”忠告一定要客观中立。这意味着你必须明白地显示你愿意经受考察，而且鼓励你的交易对象去对所有方案进行这样的考察。如何才能听起来显得客观诚恳？请看下面的举例。

如果是我，我会注意你正在考虑的每一家公司是如何去获取其零部件的。如果他们的零部件来自海外的话，你一定要注意它们的质量和安全问题。

如果是我，对于每一个提交了方案的公司，我都会从他们过去的财务报告当中选取最近 6 个月的数据进行研究。我们这个行业波动性很大，所以你要确定你的供应商是足够强大的。

如果是我，我会要求对方给出一个保障，保证他们所说的将会参与本次合作的所有团队成员，就是将会在项目合同授予之后实际参与工作的那些人。我们这个行业中，有些就是以“把你钓上钩之后就不管你了”而出名的。

你可以发现，通过这些话语，你正在让你的交易对象用一些对他们自己有益的方法深入探究每一个竞争者。这些忠告的直接目的不是让你自己获得优势地位，而是让你的交易对象获得充分的信息，从而可以作出较好的选择。当然我们假设因为你的一步步教导，交易对象最终所作的较好的选择，就是你们公司。

建议 3

研究你自己的软肋。对方就你公司的情况、资质、能力所作出的推定，以及对你和你的公司所逐渐形成的印象，可能都是你没有意识到的，而且有可能是你所无法控制的。你必须去探究，对方的推定以及印象是怎么样的，而你又怎样才能去影响这些推定与印象的形成。完成这种探究的方法之一，就是去询问对方你方案的弱点在哪里。

我们咨询公司所服务的一位客户险些丢掉一次交易，因为他的交易对象认为，如果第二年的购买量是本年的三倍的话，他们公司（我们的那家客户）的财力或有所不逮。然而，他们的交易对象既没有询问他们的财务状况，也没有表明明年的订单量可能会是今年的3倍，这家目标公司只是在心下嘀咕。幸运的是，我们的这个客户通过电话向交易对象团队中的每一个人都提出了这样一个问题："你认为，在现在这样一个情况下，什么最有可能成为阻止我们合作的因素？"这一问，让他发现了真相。他马上和他的首席财务官以及投资银行家坐飞机前去与交易对象会面，并且在那次会面中完成了交易。

在规模较小的交易中，我们经常会小心翼翼，尽可能避免提到一些负面因素。因为"老师"总是教导我们，谈判中提到负面因素是不明智的。然而，在你下一次巴菲特式大交易捕猎中，你所不知道的东西——包括对方眼中你公司的负面因素（可能并不准确）——将会让你无功而返。

巴菲特智慧结晶

确保重要数据的正确性

如果你想有朝一日能够像巴菲特一样去做交易的话，对方财务数据对于讨论合作的可能性是十分重要的。很多情况下，因为预算问题，交易谈判戛然而止。当你不知道对方财务数据的时候，你要主动地去问——不是为了问出对方的行业机密，但是至少要问出一个行业平均值。如果交易对象不能告诉你的话，你也应该有一些办法和资源能够帮你去发现答案，从而为你们的讨论提供一个财务框架。对于每年发布一份内含财务数据的年度报告的上市公司来说，这很容易做到。但是巴菲特更多的时候是和非上市公司做交易。对于非上市公司来说，这些数字估算起来也不是那么困难，至少可以估算一下所售货物的成本（销货成本）、利润率以及现金流。

巴菲特在 1996 年的年度报告当中指出：“作为一名投资者，你的目标很明确，就是以一个理性的价格买入一个容易搞明白的企业的一部分权益，而且你必须有足够的把握：在未来 5、10、20 年间这家目标企业的盈利会有明显提升。一段时间的考察以后，你会发现只有一小部分公司符合这个标准——所以，当你发现一家符合这个标准的公司的时候，你要买下它相当比例的股份。”或者，如果是巴菲特的话，常常就会是买下整个公司。

第17课 最后一级台阶最凶险

在短暂的交易空档期之后，伯克希尔在2011年3月14日决定以将近90亿美元的价格买下路博润公司，这一举动标志着巴菲特正式回归到并购市场当中。路博润公司的总部位于克利夫兰州，是一家生产汽油、柴油、机油以及其他工业用润滑剂的化学公司。

这项交易对于巴菲特和他的伯克希尔商业帝国来说是一笔好买卖。但是，很明显，有人因为别的动机给本次并购加了“润滑油”，促进了整个交易的进行。

这个人就是大卫·索科尔，一位曾经的明星总经理，有望代替巴菲特，登上伯克希尔商业帝国王座的潜在继承人。但在路博润并购交易之后不久，他就遭到了联邦证券交易委员会的调查，因为他在促进这笔收购交易的过程中，自己偷偷买入了路博润公司的股份。伯克希尔董事会因此谴责了索科尔亵渎职业道德以及触犯内幕交易禁令的行为，之后，这个事件也成为伯克希尔2011年年度股东大会上的热点话题。

索科尔事件被称为是巴菲特一生中少有的尴尬事。路博润公司并购交易之后几个星期，索科尔的行为被暴露出来，他先是购买了大约10万股路博润公司股票（价值相当于1000万美元），不久，他就将这家公司推荐给了巴菲特。事情败露后，索科尔立即选择了辞职。

在2011年伯克希尔年度股东大会上，巴菲特向40000名参加者说道，他没有向那位曾经被认为是他的继承人选的索科尔询问关于这笔有争议的证券交易的详细事宜，因此他犯了一个巨大的错误。这笔交易可以让索科尔净赚到300万美元。这笔收益对于一次为期90天的投资来说实在太丰厚了。

“我很明显犯了一个大错，因为我没有问他：‘那么，你是什么时候买的这些股份？’”巴菲特如此说道。巴菲特认为对于一个上一年度刚从他这里拿到 2400 万美元薪水的人来说，这种偷鸡摸狗的行为实在是无法理解也不可原谅。媒体对索科尔净身价的估值也达到 1 亿多美元。

市场监管机构的起诉书详细陈述了这次收购路博润公司的交易。当中写道，索科尔把路博润公司认定为潜在并购对象，并且在并购交易谈判早期扮演领导角色。索科尔从一份列有 18 家化工厂的列表当中选择了路博润公司，这份列表是“花旗集团全球市场”的投资银行家们在 2010 年根据索科尔的请求编写的。索科尔此前要求他们提供一份可供并购的化学行业公司的名单。

根据起诉书所述，索科尔曾是这次交易狩猎战役的首席猎探。就像其他所有的巴菲特交易一样，这次交易十分迅速并且友好。索科尔与路博润公司的首席执行官詹姆斯•汉布里克在 2011 年 1 月见了一次面，讨论了两家公司的企业文化。索科尔告诉对方，伯克希尔是否会提出并购要约，将取决于汉布里克是否愿意留下来继续担任首席执行官。在汉布里克和他的董事会同意继续推进并购谈判之后，巴菲特接管了交易谈判的大权。

尽管索科尔耍了诡计，但是巴菲特与汉布里克的交易却是无可非议的。“自从詹姆斯•汉布里克在 2004 年出任首席执行官之后，这家公司业绩十分突出，税前盈利额从原来的 1 亿 4700 万美元增长到 10 亿 8500 万美元，”巴菲特在 2011 年的《致股东书》当中这样写道。

巴菲特曾预言，路博润公司将会在特种化工产业当中有很多快速并购交易的机会。的确，他已经同意了汉布里克提出的 3 项并购计划，为此，单单在 2011 年他就向这家企业投入 49 亿 3000 万美元。

交易恐惧

整个交易当中最危险的时刻就是交易决策之前。

为什么这个时候很危险呢？因为这个时候，整个交易的注意焦点已经不再是选择哪家潜在供应方了。这一点他们已经作出决定了。但就算你是唯一一家被考虑的供应商，你的风险依旧还是很大的。你不再与其他同行竞争，但你现在要与交易对象团队“竞争”了。让我们来给你解释一下这其中的原因。

在 2008 年交易“竞技台”上，赢的最多的恐怕就是那些按兵不动的人了。你可能认为是金融危机导致了这样一个情况，但事实上，在过去的 10 年里头，“按兵不动者”一直都是赢家，领先于活跃的竞争者们。

当一家公司——甚至是个人——准备做一个重大的交易决定的时候，总会有这样 4 种选择对你不利。

（1）什么都不做。

（2）以后再做。

（3）做些小的事情。

（4）做一些完全不同的事情。

恐惧驱动了这些选择。而你的“新竞争者”身处对方公司内部，而且“优势明显”，甚至可以提供你无法提供的某种财务优势。对方公司完整地审议了你的整个方案之后，在任何一个时间点上，他们都可能作出决定：推迟本次交易，或者只做一半的交易，甚至完全弃你不顾选择别的“途径”。为什么？因为下列三种恐惧当中至少有一种占据了上风。

（1）害怕犯错。

（2）害怕浪费钱。

（3）害怕因为这次合作最终没有实现预期结果而在整个公司当中丢面子。

因为这些害怕与担心，交易对象和其交易团队成员可能选择去“做一些别的事情”。想要在这个“最脆弱的时刻”去完成交易的话，你必须把所有那些能够消灭这些恐惧的要素放在你的方案当中。接着你需要在“结案”的过程当中与你的交易谈判对象和你在对方公司内部的支持者再一次探讨足以消灭恐惧的这些要素。如此一来，在他们作最终决定的时候，这些恐惧都会停止纠缠，你的交易对象也会按你所建议的方案进行下去。

下面讨论一些“恐惧杀手”

改变总是如临深渊

当你向交易对象呈递你的方案的时候，他们通常已经很清楚自己公司的境地，尤其是对他们渴望有所改变的某种局面，他们心知肚明。他们可能会相信你的方案所描绘的未来新局面，向往你在方案当中提到的巨大利益。然而，如何让他们从现在的处境跨越出去，并且顺利到达理想的未来？在你方案当中，对这一个关键问题的答案，将会决定他们是否会落实必要的步骤来购买你的方案并与你合作下去。

在你的方案、讨论和演示报告当中，你必须很清楚地告诉对方你的公司将会怎样带领交易对象跨过这道“改变的深渊”，告诉他们想要从现在的黑夜到达未来的蓝天需要多少时间和努力。这意味着你需要交代清楚种种细节，包括步骤、角色、职责、时间以及“里程碑”。所谓“里程碑”，就是方案执行过程中，分别会有怎样的阶段性成果，如果实现了这些阶段性成果，就可以判定这个项目正走向成功，并且可以继续下一步。你必须尽可能地在你的“过程阐述”当中做到详细、详细再详细。

老虎队[8]

撰写方案时要有“老虎队”意识：对合作过程中可能产生的威胁插好警示性“红旗”。

要让双方团队构成一个老虎队。你需要对交易对象团队和你自己的团队在未来的方案执行过程中的职责有个很清楚的描述，确定每一阶段中每一个人的角色与责任，这让你的交易对象对过程有一种“掌控感”，让他们乐于与你进入合作阶段。你如果让对方感觉“什么都为你们想到了、安排妥当了”，这种“掌控感”就更有积极效果了。这可以让你的客户感觉很“美妙”——因为你会让他们活得轻松起来。

然而，在当下与未来之间的“转型期”，在你与对方合作的过程当中，必须有一种两家公司将如何“碰撞”并解决问题的意识。对于大交易来说，你的交易对象在过去已经因为某些人“签了合同之后就完全忘了计划”而有过很多惨痛的经历。出于对这种“碰撞”与问题的意识，你要在方案中为他们提供一份清晰的进程表，告诉他们你们将会干什么（如给他们提供季度进展报告），可以让他们对合作前景有较多的感性的预期，产生很好的感觉。

斜坡加速度

向交易对象清晰地告知未来的演化过程，这样就算这次方案十分庞大，交易对象也可以从浅水区入手，逐渐适应“水温”，

[8] 老虎队，tiger team 的直译，为美国军事术语，指一种预警探险小分队，负责为后面的大部队标示障碍、危险（如地雷）等。

而不是一下子冲进深水区。别误会了。我们并不是提倡你先去做一些小交易，以此来获得对方对未来大交易的承诺。你要出售整个方案、整个项目、整个计划，但你要用一种他们可以清楚看见的方式向他们展示那条通往最终发展结果的道路，让他们预见日积月累的发展，预见日益加速的完成过程。我们称这个过程为“加速度斜坡”，因为只要方案执行得当，你的交易对象对每一步的“快感”都会增加，整个计划的完成速度也应该会越来越快。但这些都取决于一个前提，即你的公司将兑现自己所承诺的一切。

这当中最重要的原则就是，如果你无法预见并应对处理交易对象在交易一旦“拍板”后的可能后果所产生的恐惧的话，他们有可能就会选择另一条路——什么都不做。

赢得合同并不等于万事大吉

你赢得了这次交易。恭喜你！你已经万事大吉了，是吗？

只有菜鸟才会相信自己已经万事大吉了。

在你接下来的征程当中，你还要面对：供应方殊死一搏的反击，内部职员的担心以及与新客户关系中种种正常的小摩擦。

在整个交易当中凶险度排名第二的阶段就是真正地落实合同的阶段。你应该这么做：

快速行动

一句古老的爱尔兰祝酒词是这样说的：“愿你在魔鬼追踪而至之前有半个小时的天堂时刻。”这句话里包含你在落实合同中要尊奉的第一原则。

你需要以十分迅速的节奏去按照你在方案当中提到的日程表

行事。这当中应当包括在授予合同的时候双方相关人员的交流。如果你一定要去虚构一些理由来“连接”双方、交换信息、发展关系的话，你就要毫不犹豫地去编造。

恶魔就在这里，而你需要把恶魔挡在门外。而且你特别不希望你的交易对象后悔做了这次交易或者拖慢这次交易的进度——这些事情经常在授予合同之后发生。直到你的交易对象向你支付了大笔的款项之前，“同意”的意思不一定就是同意。

对预期的管理

在授予合同的时候，你需要与你的支持者以及对方交易团队的其他成员再一次进行联系，一起审议整个进程和“里程碑”，探讨“老虎队”所有队员的角色与职责，研究本次新合同启动之后任何可预见的可能会出现的“坎坷”。你已经被授予了合同，但是这并不意味着你的交易对象的团队会全身心地关注、落实相关问题。你是那个应当去驱动整个交易并且让每一个人走上正轨的人。

巴菲特之道第 100 条

把你的玫瑰色眼镜收起来

交易中既要乐观主义，也要现实主义。《沃伦·巴菲特文选》中写道：“在炮制乐观预测方面，华尔街不输于华盛顿。”在交易中，要祈求最好的，预防最坏的。

充分交流

没有一个人会像你那样紧盯着、守护着这次交易。这也就意味着，你必须成为在交易对象和你自己公司关键人物之间的反馈环。如果某一天你哀叹什么“我以为他们知道……”那就悔之晚矣。这句话里包含有很大风险。在那些告吹的交易当中我们已经听到过几百次这样的哀叹了。你“以为”你的客户像你们一样警觉地关注着这份交易的细节，但这常常纯属误会。

另一个你可能产生的误会就是：在你呈送报告、发票或通报情况的时候，你认为交易对象会像你一样严谨地阅读它们。但事实并非如此。你的交易谈判对象已经“前行”，他还有自己的“正常”生活要操持。合同签订以后，客户可能并不像你一样全身心地投入这次合同的落实当中，而你必须与对方充分交流。客户团队的成员们可能因为他们已经在这次交易过程当中付出太多，或者他们还有别的项目，而对你的这个项目不是十分上心。

当方案的执行开始搁浅的时候，人们不会记得自己曾经的“掉线”。他们只会去怪罪于你。因此你要去充分交流。

保持辅道绝对畅通

你必须抓住你的执行官级别的“支持者”。你的支持者不管是在授予合同之前还是之后都是很重要的一环。合同签订之后，在你接下来的路上还会有坎坷、矛盾和伤害。不管是在初期，还是整个过程当中，你都要确保你的支持者一直发出支持的声音。

你还要去探测对方内部对于你与对方关系的满意程度。有太多太多次，一家公司深信他们在每天与对方的日常对话所听到的关于整个计划进度的满意评价，却突然有一天被愤怒的客户叫到面前痛骂一顿。在这个时候，你只能被“骂得步步倒退，一直退到贴墙，退无可退”，拼命地解释。站这种“墙边位”的滋味并不好受。

这份合同的授予是另一个过程的开始，而不是你“结案”过程的终点。如果你想要“保住”你的下一个巴菲特式大交易，让这个交易最大化的话，你必须预判到你的整个过程的顺利进行究竟需要些什么。

巴菲特智慧结晶

提防贪婪与恐惧

巴菲特在研究生阶段的导师，来自哥伦比亚大学的著名的本·格雷厄姆，让他深刻理解了市场波动中人性的滑稽。每天，投资者们在股票市场进行着交易，做出买、卖或者持仓不动的决策。投机只会导致人类两种最负面的情绪：贪婪与恐惧。这些情绪就是导致股票价格远远超过或者远远低于公司内在价值的原因。在做交易的时候也是这个道理。巴菲特特别指出了独立思考以及审慎抉择的重要性。“一旦你有了普通的资讯准备，你需要做的就是控制住脾气，抑制住让很多人陷入‘投资麻烦’中去的那种冲动，”巴菲特如此说道。

第18课

达成你的第一笔巴菲特式交易之后

并购冰雪皇后并不是巴菲特的第一笔大交易，更不是其最大的一笔交易，但是它可能在巴菲特嘴里留下了最美妙的味道。

“当一家新的冰雪皇后在一个社区里开张的时候，人们总是无比兴奋，”2012 年，国际冰雪皇后的首席执行官及董事会主席约翰·盖诺这样说道，“每个人都有一段可以与别人分享的关于冰雪皇后的经历。”

在这种经历中，包括这样一次兴奋的见证：某人声称自己亲眼看到巴菲特在一家位于奥马哈的冰雪皇后店招待自己的好友比尔·盖茨吃冰激凌，并且付钱的时候还用了折扣券。

20 世纪四五十年代，是巴菲特的少年与青年时期，此时的冰雪皇后正成为美国中西部以及南部地区社交场合当中的一种重要符号。

“软供”现制冰激凌这种模式最早是由麦卡洛 “爷爷”和他的儿子亚历克斯在 1938 年发明的。他们成功说服了自己的朋友兼顾客舍伯·诺布尔，让他在自己位于伊利诺伊州约略特市的冰激凌店当中售卖他们的软供冰激凌。诺布尔和麦卡洛家族进而在 1940 年开了第一家冰雪皇后店。

冰雪皇后是食品特许经营这一领域的先驱者，他们在 1941 年已经将自己的规模扩张到 10 家门店，1947 年则达到 100 家，1950 年达到 1446 家，1955 年达到 2600 家。冰雪皇后在 1953 年跨出了国门，在加拿大的萨斯科彻温省开了第一家在美国境外营运的冰雪皇后店。

正如巴菲特在 1997 年的《致股东书》当中写到的那样，在那以后的这么多年中，“冰雪皇后的路程并不平坦。在 1970 年，一个由约翰·穆逊和鲁迪·卢瑟领导的来自明尼阿波利斯的团队获得了冰雪皇后的控制权。新上任的经理们发现，这家公司订立有许许多多种类各异的特许经营合约，还有不少很不明智的融资安排，正是这些短视的财务安排让公司陷入了危机。”

在接下来的 25 年当中，新的管理团队恢复了这家企业的生机，把其食品服务营运拓展到更多的地方，而且，从总体上来看，已经建立起一个强大的企业架构。但是由于其中一位合伙人的去世，在 1997 年，国际冰雪皇后公司被挂牌待售。

“冰雪皇后是我很喜欢的一家公司，它由一个十分出色的管理团队运作。冰雪皇后将会成为伯克希尔·哈撒韦公司‘家族’一股强大的新鲜力量。”巴菲特在并购交易完成之后这样说道。下面引述的是他在 1997 年《致股东书》当中的一段文字，讲述了他在本次并购交易中对一个大问题（价格）的处理设计。

夏天的时候，卢瑟先生去世，这意味着他的遗产继承人需要出售股权。在这一年前，威廉布莱尔公司的迪克·基普哈特已经向约翰·穆逖以及国际冰雪皇后的首席执行官迈克·沙利文引荐过我，我也对这两人留下了很好的印象。所以，当我们有机会与国际冰雪皇后走到一起合作共事的时候，我们提供了一个以我们的航空安全国际公司兼并为模板的收购提议，向那些愿意出售股权的持股者们提供两个选项：他们可以选择拿现金，或者换购伯克希尔的股份，只是以当时的股票价格计算，换股的价值相比于现金要稍微低一些。尽管我们提供了如此有倾斜的对价安排，鼓励原股东们选择现金（因为这是我们倾向性很强的一种支付方式），但仍只有 45% 的持股人选择了套现。

相比于其他交易，查利和我对于这笔交易是很有些“专业知识”的：几十年来，他一直是明尼苏达州卡斯莱克市和贝米吉市冰雪皇后店的忠实顾客，而我则是奥马哈市冰雪皇后店的常客。我们把钱投资在了我们的嘴福上面。

通过本次并购交易，巴菲特赢得了一家拥有 5792 家冰雪皇后门店，分布于全球 23 个国家（除了五六家以外，其余都是采用特许经营加盟店模式）的名牌企业，而且，国际冰雪皇后公司还有另外两个品牌：橙皇果饮（有 409 家加盟店）和卡梅尔爆米花（Karmelkorn）（有 43 家加盟店）。

冰雪皇后投奔伯克希尔旗下后，日子过得怎么样呢？在 2011 年，国际冰雪皇后开了 272 家新店，新招募了 5000 名雇员，在美国国内 34 个城市开了首家加盟店；从国际上而言，则在沙特阿拉伯、埃及、危地马拉以及新加坡开了首家加盟店。

另外，204 家位于美国和加拿大的加盟店进行了改造。从 2004 年到 2011 年，美国和加拿大的“冰雪皇后系”合计投资了将近 8 亿美元，用于新开 1000 余家加盟店，另改造将近 1000 家加盟店。2011 年，美国南部是国内增长最快的市场，而国际上增长最快的则是中国，冰雪皇后在中国的第 500 家门店 2011 年正式开张。

在美国，奥利奥暴风雪是销量最高的产品，在中国则是抹茶（绿茶）暴风雪。冰雪皇后当前的年销售额高达 32 亿美元，在泰国也有超过 270 家门店。

盖诺预计这个增长的势头将会继续下去。“我们预期冰雪皇后在国际舞台上会有大幅度增长，尤其是在中国，”他说道，“并且，在美国和加拿大，也有巨大的机会来让我们继续发展自己的品牌。我们的品牌是全球最被爱戴的品牌之一，我们的顾客热情而坚贞。”

只要你问问巴菲特，冰雪皇后最好的顾客之一，你就能明白顾客们对她热烈而又坚贞的情怀。

你的生活将会发生怎样的改变

在你完成你的下一个巴菲特式大交易之后，你的生活将会发生什么样的改变呢？当然你和你的公司会有更多的钱，你的公司也会相应扩大，以求与这次大交易的格局相匹配。但是还会有很多其他的变化，这些变化将会让你从一个全新的角度去看待你的职业生涯。

你将在以下几个方面实现自身格局与境界的拓展。

（1）你现在已经学会围绕交易对象的需求来思考如何达成交易。你知道你的最大交易将会是“关于他们的”而不是你自己的。

（2）你发现了说“不”的境界是多么美好。你会对下面这些情况说“不”。

- 与交易对象之间无穷无尽的会议，而且这些会议不带来任何进展。
- 你已经竭尽全力追逐了一年的一笔交易，你其实从一开始就怀疑自己能否获得它。
- 对方团队头目缺席的会议。
- 对方总是要求你提供更多的数据、更多的样本、更多的例证、不同的报价，等等。

（3）你不再按你以前的方式去思考如何做交易，不再以最近这次巴菲特式大交易之前的那种思考方式去思考。关于这一点可以告诉你一个小故事。有一位与我们已经密切合作了很多年的客户。当我们开始合作的时候，他获得的合同只是一些低于100万美元的小交易。他想要做一些大交易，他的公司完全有能力去做大交易，而且他也一直“蠢蠢欲动”。他的第一笔大交易价值3000万美元。你认为那之后他会去干什么呢？会回头去寻猎一些50万或者100万美元的小交易吗？当然是不可能的。他现在正常的单笔交易规模也达到1000万美元，目前，他正在捕猎一张5000万美元的大单子。

巴菲特之道第101条

关于预测未来

巴菲特说过：“在商业的世界里，后视镜总是比前挡风玻璃清晰百倍。”没有人能真正知道前方的路上究竟有什么在等着我们。

（4）你已经形成了一个“加强版”的自我形象。

- 你更加自信了。
- 你不再因小问题而战战兢兢、汗出如浆，你的“出拳”现在轻松而自如。
- 你对于别人的观点和想法更有感受力和理解力了。
- 你不再害怕尝试一些创新型、有风险的路径、想法和方式。
- 你感觉——事实上也确实——能够更好地去控制整个交易过程了。
- 你在你所选择的职业领域内能不断找到乐趣。

（5）你改变了你的职业生活格局。

- 你现在在捕猎大客户上所花的时间达到甚至超过 50%。
- 你与你的同事们和某些“外部人”组成了一个更加有活力、更加高效的团队。
- 你现在在调查研究工作上至少要花 1/4 到 1/3 的时间。
- 你让自己的每日日程安排获得“升级”，可以自由处置自己获得的整块时间。
- 你学会了如何回应目标客户首席执行官级别的一些需求。
- 你现在在向客户做演示报告之前都会习惯性地进行排练、演习。

总结陈词

本书并非快餐类读物，我们并没有把它设计成一本能够快速读完并且完全吸收的书，它根本不是那种类型。但是我们还是要再提一次：在你的下一次巴菲特式大交易当中，寻找和获得交易都不是你某个早上起床时一拍脑袋，一发誓，没有任何事先准备就立马可以完成的事情。

这本书重点阐述了你公司和你的商业模式所必须经历的变化，包括应该寻猎怎样的买家，提供怎样的方案，选择怎样的路径，如何“升级”你的思维模式，以及如何考虑、设计你的财务回报。这些都不是一夜之间就可以发生的事情，也不是你读一遍就可以立刻领悟透彻的东西。

在你读完这本书之后，我们建议你再从头开始，一章一章地研读，做一些记号，在书边写一些心得。让这本书成为一本练习册，然后想想怎么运用巴菲特的这些教诲。你可能要花不少时间来实验、实践我们的建议，但是你必须这样做。

本书研讨的方法与原则，都包含了巴菲特带给世人的启示。我们亲眼看到、亲身经历了它们的有效性：它们引领着我们的许多客户一次次成功地捕猎关键客户，达成大交易，进而使自己的企业获得了爆发性的成长。

那么，在你完成了你的第一个巴菲特式大交易之后，你应该去做些什么呢？哦，当然，你应该去做第二个巴菲特式大交易。

巴菲特智慧结晶

巴菲特式交易达人的成长线路图

交易以大为美。瞄准能让你面目一新的大交易。

视野须广，挑选宜苛。设立一个交易过滤器，只选择精华目标发动进攻。

价格再好，坏交易还是坏交易。有些交易标的是披着好价格羊皮的狼，会将你活活咬死。你一定要警惕。

只与对方的交易决策者交易，不要与没有决策权的对象多纠缠，否则白白耗费时间。

大交易的话语方式。抓住有魔力的三个词汇：金钱、时间与风险。

扫清障碍。达成大交易绝非轻而易举之事，有时你必须花大力气搬除路障。

“抓”住心仪的交易者。真正的“识货者”未必多，其中真正能“成事”者少之甚至少。

要制服大象，就不能靠细咬慢啃。出击最忌火力不够，必须打造一支战无不胜的团队。

要学会求助于人。利用你的人脉、关系来寻找正确目标，并且让他们为你的品质与能力作证。

胜利女神青睐有准备者。保持万事俱备的状态，待机会一旦出现，迅速出击，全力争胜。

摸清对方的动机。你必须获取的最重要信息，可能就是为什么对方会对这笔交易产生兴趣。

未雨绸缪。“雨”不知何时来，以什么方式来，但只要充分准备，就会处变不惊，从容应对。

不挑衅，不惧战。交易之车一旦脱轨，不轻言放弃，应放手一搏，让它重回正轨。“搏”就是“博”，很有风险，只能留作最后一手。

该快则快。时间是交易的杀手，出击前要准备充分，出击时要全力以赴，行动迅捷，绝不拖泥带水。

最后时刻。交易看起来即将达成而尚未达成的这一刻，必须保持警醒。

最后一级台阶最凶险。不到“撞线”这一刻，一步都不能松懈。

附录A

巴菲特之道101条

第1条：金钱永远流向机会。2011年，沃伦·巴菲特对他的股东们说道："金钱永远流向机会，而美国有源源不断的机会。"

第2条：怎样选择交易标的。巴菲特曾对《华尔街日报》说道："这就像娶妻结婚，你是喜欢她的眼睛呢？还是喜欢她的人品呢？你娶的是整个人，你不能把她的各方面分离开来。"

第3条：诚实很重要。"曾有人说，企业招募员工时看重三点，诚实，智商，能量，"巴菲特曾对他后来在2011年收归旗下的《奥马哈世界先驱报》的记者说道，"如果你的员工不诚实，那么他的智商和能量就会把你杀死。"

第4条：回避高风险交易。"我们活得好，不是因为一路斩妖除魔，而是因为对妖魔总是退避三舍，"巴菲特常常如此说。

第5条：选择何种交易对象。"我要的企业是那种好到让傻瓜也能在那里干活赚钱的公司，"巴菲特在1988年对《财富》杂志如此说。

第6条：价格与品质。巴菲特有句名言广为传诵："以最优价格买入中等企业远不如以中等价格买入最优企业。"

第7条：投资标准。1996年的伯克希尔年度报告中包含了巴菲特的如下观点："作为一名投资者，你的目标很简单，就是以一个理性的价格买入一个容易搞明白的企业的一部分权益，而且你必须有把握：在未来5、10、20年间这家目标企业的盈利会有明显提升。一段时间的考察以后，你会发现只有少数公司符合这个标准——所以当你发现一家符合这个标准的公司的时候，你要买下它相当比例的股份。"在巴菲特的实际操作中，他常常是买入其全部股份。

第8条：不要让交易目标超出你的把握能力。巴菲特说道："我不会尝试跨越一道7英尺高的栏，我会四下张望，寻找我能轻松跨越的 1 英尺高的栏。”

第 9 条：像特德·威廉斯那样追求精准。《沃伦·巴菲特文选》中有一段引用了巴菲特作为伯克希尔董事长在《致股东书》中的一段话：“我们追求特德·威廉斯式的精确。在《击球的科学》这部书中，特德解释说，他把击球区细分为 77 个格子，每个格子都是一只棒球那样大小。他知道，只有当来球处于最佳格子时，他才挥棒，那么他就可能击出 400 的优绩；如果勉强去‘够’飞向最差格子——击球区的外缘低端区——的来球，他就只能击出 230 的成绩。换句话说，善于等待最‘舒服’的来球，就会最终走向‘名人堂’，如果不加选择地挥棒出击，他就会掉入小联盟去厮混。”

第 10 条：不要混淆价格与价值。“价格是你的付出。价值是你的收获。”

第 11 条：对交易进行估价的学问。“对一个企业的价值评估一半是艺术一半是科学。”

第 12 条：对忠告也要甄别。“永远不要问理发师你是不是应该理发了。”

第 13 条：不要盲目模仿。“有件事必须亲历亲为，那就是思考。我常常感到诧异的是很多高智商人士喜欢盲目模仿。我从没通过与人交谈获得过好主意。”

第 14 条：掌握会计语言。“当经理人要陈述商业事实时，常常可在会计规则内进行。不幸的是，当他们想玩游戏时——至少在某些行业中——也可以在会计规则内进行。”

第 15 条：高智商不是一切。“你必须掌握企业的经营之道，懂得会计语言，对研究对象饱含热情，还要有善于自我克制的这一品质，这些东西有时候比高智商更重要。”

第16条：捕猎大交易。作家珍妮特·洛在《沃伦·巴菲特如是说》一书中说道，在2002年的英国之行中，巴菲特曾告诉英国的《星期日电讯报》说，他正在英国寻找一个“大交易”，他说：“我们在捕猎大象……我们带着猎象枪，里面装满了子弹。”

第17条：要么立志高远，要么收摊回家。在一次年度股东大会开幕之时，巴菲特敲敲麦克风，测试它的状况，嘴里说道：“喂——喂——一百万——两百万——三百万。”

第18条：巴菲特崇尚节俭。“每当我读到消息说某个公司正在推行某个压缩成本的计划，我就知道这家公司并不真正懂得何为成本。成本节约不是靠一时心血来潮就可以完成的。真正的优秀经理人不会在某天早上醒来，突然对自己说：‘今天是个好日子，从今天开始我要减少成本了。’这很荒唐，就像说某日早晨他醒来时突然决定要练习呼吸一样的荒唐。”

第19条：交易不是“三振出局”游戏。巴菲特说道：“对于来球你不必逢球必击，你可以耐心等待恰当的投球到来再挥棒。”巴菲特是个棒球迷，经常使用这个运动来阐述他的交易哲学。在交易中，你可以站在击球区一整天不动，你可以一次都不挥棒，不会有人上来赶你走。有时候不做交易就是最好的交易。

第20条：论耐心与棒球。“我从来不会当球还藏在投手的手套里时就把棒挥起来。”

第21条：改变不可避免。“拖拉机诞生以后，做马就不好玩了；汽车发明以后，铁匠的日子就不好过了。”

第22条：质量优先。“拥有名钻‘希望之星’的1%，胜过拥有一整颗莱茵石（假钻石）。”

第23条：平庸也行。“不要总是期望把销售做得那么好，”巴菲特说道，“关键是购买价要有足够的吸引力，这样一来，即使是平庸的销售也能带来不错的成绩。”

第 24 条：管理是关键。“管理（层）的变化，就像婚姻的变故一样，痛苦，耗时，还充满风险。”

第 25 条：忠实于你自己。要独立思考，不要陷入羊群思维。“做全世界最伟大的爱人而让人人都以为你是全世界最糟的爱人，还是做全世界最坏的爱人而让人人都以为你是全世界最好的爱人？”沃伦·巴菲特一辈子都在与羊群思维对着干。

第 26 条：交易关乎心。你的交易对象必须是你信赖的企业，它们的产品与服务是你信赖的。“我不想坐在顾客的对立面。我所销售的东西都是我自己相信、自己使用的东西。”

第 27 条：不可能与坏人达成好交易。巴菲特每次习惯以双方的握手“敲定”交易。然后律师进场，将交易条款细节落笔成文。如果你与一个坏蛋达成了一笔交易，那么再好的合同，也没有什么保护作用可言。

第 28 条：诚实是最好的对策。“作为经理人，我们还相信，坦诚让我们受益。一个首席执行官，如果他在公事上谎言欺人，他在私人生活中最终也必欺骗自己，误入歧途。”

第 29 条：为前方的险途做好规划。巴菲特常说：“商路上总是布满了坑坑洼洼，如果你的规划决意避开每一个坑洞，这个规划就是一个灾难性失败。”

第 30 条：没有人是完美的。不要苛求自己的完美，也不要期待你的交易对象是完美无瑕的。要心甘情愿地承认，你会时不时地出错。巴菲特曾有言：“我经常失误。而且我还会出现更多的失误。失误是整个交易的一部分。你要做的，只是确保你的业绩盖过你的失误。”

第 31 条：善于学习他人。巴菲特谦逊地表示他一生受教于多个良师，包括他在哥伦比亚大学商学院的老师本·格雷厄姆，他在伯克希尔的合伙人查理·芒格。他曾经说过：“你不必钻研事情的所有方面。艾萨克·牛顿不是说过吗：‘我比别人看到得多一点，因为我站在了巨人的肩膀上。’要努力站到别人的肩膀上去，这绝不会错。”

第32条：交易前要仔细研究。1994年，巴菲特有言：“要关注独特优势，关注这种独特优势的持久能力。对我而言，最重要的事就是评估一个企业的‘护城河’有多宽。我最爱的，当然是一个坚不可摧的企业，它如一个庞大而坚固的城堡，周围有宽广的护城河，河里游弋着鳄鱼和食人鱼。”

第33条：最高二原则。“原则一：绝不损钱。原则二：绝不忘记原则一。”

第34条：人品很重要。“如果手下有能干而人品优秀的经理人为你经营他们热爱的企业，那么即使你领导十几个甚至更多的企业，你还是能优哉游哉，每天下午睡上一小觉。”

第35条：警惕许多大交易中的病态心理。《哈佛商业评论》曾经报道过巴菲特作为伯克希尔董事长的1994年《致股东书》。在这封信里，巴菲特对追求大交易的心理中的虚荣心出言评点了一番。“几年前，我的一位朋友，某企业的首席执行官，无意中为我们‘呈现’了许多大级别交易中的病态心理（幽他一默，并无恶意——我必须强调一下）。他经营的是一家财产意外险保险公司，他正向自己的董事会解释自己为什么要并购某家人寿保险公司。他啰啰唆唆地说了一大堆，讲商业模式、讲本次并购的战略依据，听众似乎并不买账。于是他突然将稿子一扔，脸上露出淘气一笑，直白地说道：‘小伙伴们，其他小朋友都有一家人寿保险公司在手里玩儿。’”

第 36 条：做好研究并不等于万事大吉。“如果做好对过去历史的研究就能在这个游戏中获得成功，那么最富裕的就该是图书馆的管理员们。”

第 37 条：不要以为计算机能代替你思考。“小心提防那些带着公式横行天下的书呆子。”

第 38 条：不要养成稀松的交易习惯。“习惯的枷锁很轻，轻得你都感觉不到，一旦你感觉到了，这套枷锁已经重到你无法打破。”

第 39 条：交易者有福了。“（我通过交易积累了大量财富）但我不会因我的钱产生罪恶感。在我眼中，我的财富就是兑现我的社会要求的一张张支票。我感觉，我拥有的不过是为数庞大的小纸片，但我又能将这些纸片转化为消费。这是一种奇妙的感觉。”

第 40 条：择友要择优。“选择比你优秀的人与之交往。要与行为习惯胜你一筹的人为伍，这样一来，你会越来越优秀。”

第 41 条：每一笔交易都应该事先落笔成文，让它经受文字的拷问。“为什么要干这个？为什么要做这项投资？把答案写下来，写到纸上。如果你的答案无法真正用文字在纸上写下来，说明你必须就此问题做进一步更认真的思考。如果对为什么要做这笔交易你写不出清晰明了、能落笔成文的答案，你就必须停止这笔交易。”

第 42 条：每笔交易都有风险。“风险是上帝游戏的一部分。人的游戏，国家的游戏，也都是如此。”

第 43 条：高档必须意味着特别。“你的高档品牌最好意味着它包含某种特殊性，”巴菲特忠告说，“否则无人喝彩。”

第 44 条：交易以简约为美。不要把协议搞得过于复杂。“商学院的老师喜欢艰深与复杂，但现实世界中，简约最有效。”

第45条：交易不该艰涩。“人性中好像有些变态的东西，因为这些东西，人们喜欢把简单的事情搞得艰涩无比。”

第46条：随时准备交易，从不勉强交易。“机会来了，才应该出击。我这辈子，有时候会遭遇‘机会雨季’，有时候会遭受长期的‘机会旱季’。如果来了好想法，我就会行动。如果没有，我就休眠。”

第47条：一辈子做好几笔正确的交易就行。“你一辈子只需要做好几件正确的事就能活得很出彩了，但前提是你没做过太多错误的事。”

第48条：不要过度杠杆化你自己。“潮水退去以后，你才能看出来谁一直在裸泳。”

第49条：交易中的“贪字诀”。“关上门，我要告诉你致富之道：当别人贪婪时，要恐惧。当别人恐惧时，要贪婪。”

第50条：在你看得懂的领域内做交易。2008年，CNBC采访巴菲特，问及他对于糖果巨头公司瑞格利和玛氏是否有并购交易兴趣时，巴菲特如此答道：“相比有些大银行的资产负债表，我发现瑞格利与玛氏的事情我能看得比较明白。如果同他们做交易，我很明白我买进来的是什么东西。而对有些规模比较大的金融机构，我真不太明白他们里面的复杂业务。”

第51条：做任何一笔交易时都要采取一个远期视角。巴菲特喜欢这样一句格言：“前人栽树，后人乘凉。”

第52条：交易有时需要时间和耐心。“不管你多有才干，多么努力，有些事情还是急不得的。你不可能一个月造出一个小孩来，即使你能让9个女人怀上孩子。”

第53条：卖出企业宜三思。《沃伦·巴菲特文选》中说道：“大多数企业所有者把大半辈子的心血都倾注在自己的企业中……与之相反，同时身为所有者的经营者，如果要卖企业，他这一辈子只能卖这么一次——而且，他当时正身处非常情绪化的氛围之中，身受来自不同方面的千万种压力，常常如此。”

第 54 条：有的时候，你只要到场现身就行了。上大学本科时，巴菲特在校报上读到一条消息，说当天要颁发一个 500 美元的研究生院入学奖学金，所上的研究生院可由申请者自己选择，只要它在官方认可之列；申请者请去 300 室。“我去了 300 室，发现在那里现身的只有我一个申请者。那里的 3 名教授还想等等，等待有更多的申请者上门，我说：‘不行，不行。说好 3 点钟的。’于是我没付出任何努力就获得了这笔奖学金。”

第 55 条：只打有意义的战役。在巴菲特与所罗门兄弟公司的交易中，巴菲特学到了这一点儿。“我当然可以斗得更狠一点儿，叫嚷得更大声一点儿。这样我也许可以对自己感觉更好一点儿。即使如此，也不会改变历史的进程。除非就喜欢为斗而斗，否则这毫无意义。”

第 56 条：专注。专注，专注，还是专注。巴菲特传记《雪球》中讲道，1991 年的独立日——7 月 4 日，巴菲特与比尔·盖茨一家在一起度过。巴菲特回忆道：“晚宴时，比尔·盖茨的父亲老比尔向全桌人发问：在让你成为今天的你的诸多因素中，哪个是最重要的？我的回答是‘专注’，比尔·盖茨的回答一模一样。”

第 57 条：把事实搞清楚最重要。“大家是否同意你的想法，并不能决定你的想法究竟是对是错。如果你找对了事实，做对了推理，你的意见就会正确。从最终来看，这两点才是最重要的。”

第 58 条：不要损害自己的事业。不要浪费时间，不要浪费生命。

在自己的职业生涯中，坚持只做自己真正想做的事。“不要因为它们会给自己的履历添彩就去做一些自己并不真正心仪的事。这相当于年轻时不做爱，以为这样就可以为老来做点性储蓄。”

第 59 条：理想企业的定义。当巴菲特寻猎收购对象时他看重的是以下一些品质：“理想企业的资本回报率很高，并且在这个回报率水平上的资本利用率很高。这样一个企业就是一部‘复利’机器。”

第 60 条：爱是最大的回报。巴菲特的自传《滚雪球》（*The Snowball*）中写道：“那是对你的生活哲学的终极性测试。爱之难，难就难在它买不来。你可以用钱买来‘性’。你可以用钱买来‘表彰晚宴’。你可以买来笔杆子为你树碑立传、歌功颂德。但是，要获得爱，你只有一条道：你必须可爱，值得爱。”

第 61 条：与关键玩伴分享利润。U2 乐队的超级摇滚巨星主唱波诺（Bono）曾经邀请巴菲特在一次公司活动上出席 15 分钟时间，巴菲特欣然应邀。“我爱音乐，不过说实话 U2 的音乐没那么让我神魂颠倒。我之所以对他们感兴趣，是因为波诺将 U2 的收入在 4 人间绝对平分的做法。”

第 62 条：建立储备金，以防交易做坏时之需。“金融世界里，绝不要将自己置入绝境，结果一觉醒来，你只能将命运系于陌生人的善心。我将很多时间用在思考这个问题上。我可不想某个早晨一觉醒来，发现自己必须立即拿出 10 亿美元来。嗯，不过，10 亿美元我还行。”

第 63 条：留一点儿现金储备。“危机时刻，现金加勇气是无价之宝。”

第 64 条：何谓好的交易和滚雪球效应。内布拉斯加人熟悉雪，知道怎么做雪球。巴菲特自传《滚雪球》中写道：“只要找到合适的雪，雪球就能滚起来，我的状况就是如此。我指的并不只是指金钱的复利效应。对世界的理解，何种类型朋友的积累等，也都是如此。时间为你提供了选择的可能。你必须成为那种雪愿意沾身的人。实际上，你必须成为你自己的有黏性的湿雪。一路前行时，最好记得捡雪。因为你不可能再回到山顶来了。生活就是这样的。”

第 65 条：*独立思考*。在研究生院学习时，巴菲特非常惊奇地发现，他的许多同学非常乐意遵从传统智慧。“我认为在那个班级里没有一个人思考过这样一个问题：美国钢铁公司是不是一个好企业？我的意思是说，这是一个大企业，但是他们就相当于搭乘火车时根本没想过这么一个必须问的问题：这是一列慢车，还是一列快车？”

第 66 条：*价格不是一切，不能终结一切*。《沃伦·巴菲特文选》中说道：“价格确实非常重要，但常常并不是销售中最关键的方面。”巴菲特非常认真地看待交易中人的因素和交易的具体条款。

第 67 条：*了解真实价值*。1973 年，《华盛顿邮报》公司的市值为 8000 万美元，没有负债。巴菲特经常将它作为绝佳交易对象的例子。“如果你向报业内任何一个人询问这家公司资产的价值，他们都会给出大概 4 亿美元的估价。即使他们在凌晨 2 点的时候在大西洋中央搞个拍卖会拍卖这家报业公司，也会有人出这个价竞买。而且，这家公司的经营者都是诚实而能干的人，他们的个人身家中有一大部分也在这个报业中。因此，它是绝对安全的资产。即使把我全部的身家性命放在里面，我都会高枕无忧，绝对无忧。”

第 68 条：*对人的判断很难完全准确*。“判断一个人时，我们根本没有办法排除出错的可能性。”

第69条：绝不虚言“诈唬”。“我们从不虚言‘诈唬’。反正这不是我的风格。人的一生中都会积累起一个名声：你要么是个虚言诈唬的人，要么是个从不虚言诈唬的人。因此，我总要让世人明白我不是一个干这种事的人。”

第70条：不施压。“人们经常说我让他们感到了压力。对不起，我从不有意而为之。有些人喜欢施压于人。我从来不。实际上，我绝不干施压于人的事。”

第71条：要找符合你的原则的人。“我说过我们总是找符合我们原则的人与我们共事、交往，而不是相反，”巴菲特曾经反思道，“不过我发现这并不是容易践行的一个原则。”

第72条：先搞清楚什么样的交易才是适合你的，然后专注于这样的交易。《沃伦·巴菲特文选》中有言：“总是有人拿着根本不符合我们要求的交易意向来找查理·芒格和我。有的人就是这样：如果你登广告表示你有意于买入苏格兰柯利大牧羊犬，很多人就会打电话进来，兜售他们的英格兰可卡小猎犬。我们对于兜售新办企业、兜售破产重组企业以及竞拍型销售的感觉，可以用一首乡村歌曲里的一句话来表达：‘当电话沉默的时候，你就知道那头是我在沉默。’”

第73条：交易成功了要给社会一点儿回馈。巴菲特对《今日美国报》的记者说：“钱能做很多事，其中的善之善者，就是帮助成千上万的人以非常积极的方式改变他们的生活。”

第74条：对成功要支持。2012年，巴菲特对《今日美国报》的记者说：“我喜欢对成功者给予支持和鼓励。我喜欢做能让人们的生活面目一新的事。”

第 75 条：要有长线思维。“我们最喜欢的持有期限是永远。”

第 76 条：傻气是交易之友。经济波动促使卖家出现，诱使他们打折。“学会从他们的傻气中获利，而不是与他们一起犯傻。”

第 77 条：两件事有时急不得：爱情与交易。《沃伦 • 巴菲特文选》中写道：“在搜寻交易标的时，我们的态度与找结婚对象时的态度一样：要积极努力，全身心投入，头脑开放，但千万不要急于求成。”

第 78 条：交易从自己家里开始。巴菲特鼓励伯克希尔公司的股东们从公司旗下的各个企业购买产品与服务。他曾在一次年度股东大会上说道：“记住，任何一个人，如果他跟你说，金钱买不来幸福，那肯定是因为他还没有搞明白，该去哪里购物。”

第 79 条：现金流入与流出决定价值。《沃伦 • 巴菲特文选》中写道：“约翰 • 伯尔 • 威廉斯在他 50 多年前写的《投资价值理论》一书中提出了一个‘价值等式’，我们在这里对这个价值等式作个简要的阐释：任何股票、债券、企业在现时的价值，可以根据这个资产在其整个生命周期中预期发生的现金流入与流出量（以适当的利率贴现）计算出来。”

第 80 条：论交易的未来。“人类的潜能还没有耗竭。美国有个释放这种潜能的系统，这个系统因经济萧条的发生和内战的上演而多次中断运营，但总的来讲，在过去 200 年里，这个系统创造了奇迹。这个创造奇迹的系统至今还活着，还很有效率。”

第 81 条：谈钱不嫌早。从《沃伦 • 巴菲特文选》一书中可以看出，在巴菲特寻猎交易对象时，他始终坚持一个重要的判断标准：对方的出价。他说：“价格未知时，任何交易洽谈，即使只是前期的沟通，也是一种浪费，浪费我们的时间，浪费卖家的时间。”

第 82 条：慎重对待业绩预测。1982 年巴菲特曾经有过一句妙语：“很多交易者热衷于业绩展望，但几年过去以后，这些被交易企业常常经不起业绩回顾。”

第 83 条：不要相信财务预测。《沃伦·巴菲特文选》中巴菲特写到他的一点儿困惑：为什么潜在买家总是如此押宝于财务预测。他一直记得那个“牧人和他的病马”的故事。“那人去看兽医，问兽医道；‘请你帮帮我，医生。我的马有时候走得好好的，有时候一瘸一拐的。怎么办？’兽医的回答很直率：‘别担心。在你的马走得没毛病的时候，把它卖了。’”

第 84 条：感谢新闻自由。“一个国家，其记者越聪明，其社会越健康。”

第 85 条：只做你搞得明白的交易。巴菲特说，你应该爱你所交易的行业，对别的行业不用费心。“这世上有许多企业是查理·芒格和我都搞不明白的，但我俩也没有因此而夜不能寐。我们只会绕过去，继续往前走。”

第 86 条：交易者引以为鉴。《沃伦·巴菲特文选》中写道：“彼得·德鲁克几年前对《时代》周刊的一番话可谓深谙世情：‘我要告诉你一个秘密：交易比工作优越。交易刺激又好玩，工作琐碎而低贱。经营一家企业，永远意味着大量琐屑、乏味的劳作……交易……很浪漫，很性感。这就是为什么这世上发生了如此多的荒唐交易。’”

第 87 条：要机会主义。“耐心等待，伺机而动，”巴菲特如是说。

第 88 条：做好“家庭作业”。巴菲特说：“风险来自一知半解。”

第 89 条：注意趋势变化。阅读，阅读，再阅读。对任何可能影响你交易的趋势，都应该认真去研读。2008 年，巴菲特在接受 CNBC 电视台的访谈时讲过一个故事，很有意思。“我有个儿子是经营农场的。他是个快活的家伙。他们在内布拉斯加的一帮子农场主们经常讲这样一个故事，说有个农场主买彩票得了大奖，一家电视台派了个摄制组前去采访他。电视台的人问他：‘你的彩票赢了 2000 万美元，你准备拿它干什么。’那个农场主回答说：‘嗨，我就一直干我的农场，直到都没了。’差不多直到去年为止，美国的农场都是这种处境，农场主们都是这种心态。但今天的农业，处境已经完全不同了。”这个故事的寓意，就是我们应该注意趋势的变化。由于乙醇等新能源技术的进步，农业不但意味着食品生产，而且意味着能源生产。

第 90 条：确保把你的“千金”嫁好了。巴菲特曾经说过：“我们的处境与卡米洛特（英国传说中亚瑟王的宫殿所在之地）的莫德雷德正好相反。关于莫德雷德的处境，格尼维尔曾经有一句妙语：‘至少有一点我可以为他打包票，他绝对不会娶错了老婆，因为无论娶什么人，他都是高攀。’”

第 91 条：交易者应谨防受骗。《沃伦·巴菲特文选》中写道：“我们相信，大多数并购都会给买入方带来损害。情况常常正如轻歌剧《女王陛下的宾纳福号舰》（*HMS Pinafore*）中所唱：‘实情总是与表面相差太远，牛奶脱了脂还喜欢冒充奶油。’卖方与他们的代理们玩的最常见花招，就是‘打扮’他们的财务预测，这些预测的娱乐价值高于教育价值。”

第 92 条：不要为交易而交易。巴菲特说：“我们因为正确而获得回报，而不是因为活跃。”

第 93 条：不需要繁复的计算。巴菲特承认自己不是数学天才，他说："如果做一个伟大的投资者需要精通微积分或者代数，那么我大概只好回去送报纸了。我从来没看出来这需要什么代数。从根本上讲，你只需要对一家企业的价值估出个大概就行了。"作为一个成功的交易者，他的非凡之处就在于他的常识，他的寻常感觉。简单的算术加上逻辑的脑子就够了，就能帮助你抵抗交易中的情绪化。情绪化是阻碍一个人成为交易大师的可能因素。

第 94 条：守信重诺。《沃伦·巴菲特文选》中说道："当我们告诉约翰·贾斯汀说他的企业（贾斯汀实业）的总部将继续留在沃斯堡之时，当我们向布里奇家族许诺说我们不会让他们的企业本布里奇珠宝与别的珠宝企业合并之时，我们的这些卖家可以把我们的诺言拿到银行去存起来。"

第 95 条：享受交易过程。"我们对交易过程的享受远远超过我们对交易收益的享受。"

第 96 条：如果你发现情况糟糕，竭力体面脱身。"如果你发现自己陷身于长期漏水的船上，换船比补漏所花费的努力更能带来积极效果。"

第 97 条：投资于让你真正"嗨"的交易对象。巴菲特说过，专注于让你全身心投入的领域必有回报。"为什么不将你的资产投入你真正喜欢的公司呢？梅·韦斯特说过，'好东西绝不嫌多，越多越精彩。'"

第 98 条：独立思考。"对我来说，所谓集体决策就是朝镜子里面看。"

第 99 条：要诚实交易。巴菲特对他的儿子霍华德说："一个人要花 20 年时间才能建立起他的声誉，但只需要 5 分钟就能毁掉这个声誉。想想这一点，你的做事方式就会不一样。"

第 100 条：把你的玫瑰色眼镜收起来。交易中既要乐观主义，也要现实主义。《沃伦·巴菲特文选》中写道：“在炮制乐观预测方面，华尔街不输于华盛顿。”在交易中，要祈求最好的，预防最坏的。

第 101 条：关于预测未来。巴菲特有言：“在商业的世界里，后视镜总是比前挡风玻璃清晰百倍。”没有人能真正知道前方的路上究竟有什么在等着我们。

附录B

巴菲特重大交易年表

1962年，巴菲特开始购买伯克希尔的股份，他发现，每当这家公司关闭一家工厂的时候，股价总是会呈现很明显的规律性波动。最终，他承认纺织业已经是夕阳企业，而且公司将来的命运也肯定无法得到改善。他本来有机会出售自己的持仓，但是因为价格上的分歧（对方愿意出价每股11.38美元买入，巴菲特想卖每股11.50美元），他最终拒绝了对方的要求，从而获得了整个公司的控股权，并解雇了公司的原有领导人。“因为价格上的一个小小的分歧，我成为了一家亏钱公司的大股东，”巴菲特后来说道，“这是我一生在投资当中犯下的最大的错误。”如果他当时把后来的45年里头投进伯克希尔公司的钱投资到保险行业的话，他估算自己可以比现在再多赚好几百倍。

1966年，巴菲特第一次投资非上市公司霍克希尔德库恩公司。这是一家地处巴尔的摩的私有（非上市）百货商店。

1967年，巴菲特用现金交易的方式买下了全国保险公司。

1970年，巴菲特接洽了《华盛顿邮报》公司的拥有人凯瑟琳格雷厄姆，告诉她自己正在买入他们公司的大量股份，但是这并不是一次敌意的收购。

1972年，巴菲特出价2500万美元欲购买喜氏糖果，喜氏糖果要求再多加500万美元，巴菲特坚持其价格不让步，最后巴菲特还是成功地以2500万美元的价格将对方收入囊中。

1973年，巴菲特开始收购《华盛顿邮报》公司的股份。

1977年，巴菲特买下了《布法罗晚报》，并且恢复在1914年停止出版的周日版。该报纸的一家竞争对手在1982年倒闭。值得深思的是，虽然伯克希尔公司常常大胆进入其他媒体产业，但在总体上对并购报纸一直态度谨慎，直到2011年才又买下巴菲特家乡的《奥马哈世界先驱报》。

1983 年，内布拉斯加家具商城加入到巴菲特的资产组合当中。这家公司是奥马哈市的一个传奇，由一位高龄的、从未接受过任何正式教育的俄罗斯移民掌管。巴菲特以 5500 万美元的价格购买了整个公司 90% 的股份。这位俄罗斯移民——罗斯・布朗金——和她的家人们则留了下来继续经营公司。

1985 年，伯克希尔买下了媒体类企业首城 /ABC（Capital Cities/ABC）的大量股份。

1986 年，司各特费泽尔公司被巴菲特收购。这是一家多元化经营的集团，拥有 22 家制造和销售类公司。很多人通过其生产的柯比家庭清洁系统、韦恩水处理系统以及坎贝尔品牌产品知晓这家公司之名。

1986 年，巴菲特买下菲希海默兄弟公司，该公司主业为制造、租赁、清洗制服。

1988 年，巴菲特开始购买可口可乐的股份。

1989 年，巴菲特达成了购买博西姆斯珠宝商店的交易，这是一家总部在奥马哈的珠宝店，为罗斯・布朗金（也就是内布拉斯加家具商城的老板传奇人物 B 太太）的妹妹和妹夫所有并经营。

1991 年，伯克希尔买下了 H.H. 布朗公司，一家生产工作用鞋和靴子的工厂。

1992 年，巴菲特买下了中州保险公司，主要保障的风险是：因为失能或者失业而导致的信用卡支付困难。

1992 年，此前所罗门兄弟公司被曝有违法债券交易行为，董事会主席兼首席执行官被迫辞职。该年度大部分时间，巴菲特都在纽约度过，担任该公司董事会主席，处理善后事宜。

1993 年，伯克希尔买下了戴克斯特鞋业公司，这是一家生产平价鞋的企业。

1995 年，堪萨斯城的一家珠宝连锁店赫尔兹伯格钻石商店被收购。

1995 年，伯克希尔商业帝国的家具系列企业又添新军：犹他州的 RC 威利家居设备公司被收购。

1996 年，伯克希尔买下了一个商务服务类公司。总部在纽约州弗拉辛市（Flushing）的航空安全国际公司，主要培训飞机和轮船的驾驶员和操作人员。

1996 年，巴菲特历来被认为最擅长购买保险企业。伯克希尔保险资产当中又添新成员——政府雇员保险公司及其附属企业（缩写为 GEICO）。这家公司位于马里兰州的切维蔡斯市。GEICO 以直销保单闻名保险市场，用户可直接向公司提出保险申请。

1998 年，通用航空器企业以前的持股结构都呈多股东小比例持股特征，但是现在整个利捷航空公司都被巴菲特的商业帝国收购。

1998 年，一家甜点企业，你能想到是哪家吗？没错，就是冰雪皇后，这家拥有冰雪皇后、橙皇果饮和卡梅尔爆米花三个企业商标 6000 家门店的公司也被巴菲特收购。

1998 年，巴菲特对保险行业的爱还在继续。伯克希尔买下了通用再保险公司，这是一家持有多样控股资产的再保险公司。它的营运机构位于康涅狄格州的斯坦福市以及德国的科隆。

2000 年，巴菲特的公司买下了本布里奇珠宝店，这是一家美国西部的连锁店，现在也加入到巴菲特的珠宝控股资产系列当中。

2000 年，巴菲特的商业帝国买下了科特商业服务公司，这是一家租赁（办公）家具的公司。

2000 年，伯克希尔进入到建筑行业当中，买下了得克萨斯州的建筑用砖制造商顶点建筑品牌公司，以及新泽西州的本杰明摩尔公司，后者是一家制造外包层材料的公司。

2001 年，伯克希尔买下了萧氏实业 87% 的股份，这是一家佐治亚州的公司，作为全世界最大的地毯和强化地板制造厂商而闻名。不久之后伯克希尔公司就买下了其剩余的全部股份。

2001 年，又有 3 家建筑产品公司被并购，包括绝缘隔热材料制作商杰斯曼公司以及迈科特公司（一家制作如楼顶支架这样的工程产品的公司）90% 的股份。

2002 年，佐治亚州的爱尔贝卡公司也被收购。这家公司设计、生产以及销售客户定制画框、相框等。

2002 年，伯克希尔买下 CTB 国际集团，这是一家位于印第安纳州的农业设备设计、制造与销售公司。

2002 年，伯克希尔买下了鲜果布品，这是一家内衣生产厂家。伯克希尔公司用 8500 万美元的现金买下了这家公司。

2002 年，罗素集团，全美最大的运动服装制造商，以将近 6 亿美元的价格被收入囊中。

2002 年，厨房用具直销企业宝厨被收购。宝厨的营销网络拥有 65000 个独立销售代表。

2003 年，位于田纳西州诺克斯维尔市的克莱顿住房制造公司（一家垂直集成型预制住房制造公司）被收购。

2003 年，伯克希尔从沃尔玛手中买下了麦克莱恩公司。整个帝国的营运触角此时延伸到了巴西。麦克莱恩是一家面向平价零售商、便利店以及电影院和剧院分销百货、食品以及非食品类商品的销售服务公司。

2007 年，伯克希尔从普里兹克家族手中买下了马蒙控股公司。这家公司制造油罐车、购物车、水管、电线以及水处理产品。

2007 年，伯克希尔买下了 NRG，这是一家荷兰的人寿再保险公司。

2009 年，巴菲特进行了自己有史以来最大的一次并购交易，他买下了伯灵顿北方圣特菲铁路公司 78% 的股份，而在此之前巴菲特手中并无这家公司的股份（并无直接或间接持股）。这家公司是全国第二大的铁路公司，而且它的燃油经济效能十分高，每列火车平均拖载 280 节车厢。巴菲特的这一举动被视作对于经济复苏的一次豪赌。

2011 年，机油添加剂制造厂商路博润公司以 97 亿美元的价格被收购。此前公认的巴菲特继承人大卫·索科尔却在后来被曝出丑闻，在他向巴菲特推荐购买这家公司之前就已私下购买了这家公司的股份。索科尔被曝光之后不久就辞职了。

附录C

交易大师巴菲特的成长之路

20世纪30年代，美国经济正处于臭名昭著的“大萧条”时期，在少年巴菲特的家庭中，“交易”是一个“脏词”。他的父亲，霍华德·巴菲特，是一位保守党的四届国会议员，对于罗斯福“新政”（New Deal）持强烈的批评态度。

但是就算是在童年时期，巴菲特也在进行着交易：他挨家挨户地卖口香糖、杂志、苏打水；在他外公的杂货店里打工，送报纸，还修饰汽车。他在14岁的时候提交了自己的第一份纳税申报表。第二年，他和一位朋友合伙买下了一台二手的撞球游戏机，并且与一家理发店达成协议，把撞球机放在了他们店里做生意。不久之后他们又买了好几台类似的机器并且和多家商店达成了类似交易。

巴菲特之道第54条

有的时候，你只要到场现身就行了

上大学本科时，巴菲特在校报上读到一条消息说当天要颁发一个500美元的研究生院入学奖学金，所上的研究生院可由申请者自己选择，只要它在官方认可之列；申请者请去300室。“我去了300室，发现在那里现身的只有我一个申请者。那里的3名教授还想等等，等待有更多的申请者上门，我说：‘不行，不行。说好3点钟的。’于是我没付出任何努力就获得了这笔奖学金。”

高中的时候，巴菲特投资了他父亲的公司，并且买下了由佃农经营的一家农场。在哥伦比亚特区华盛顿市的伍德罗威尔逊高中的毕业纪念册中巴菲特照片的下面写着这么一行字：“喜欢数学；未来的股票经纪人。”

巴菲特在 1947 年进入宾夕法尼亚大学的沃顿商学院，后来又在 1950 年转学到地处林肯市的内布拉斯加大学，在那儿学成毕业，获商学学士学位。在得知两位证券分析师——本杰明·格雷厄姆（《聪明的投资者》一书的作者）以及大卫·多德——均在哥伦比亚大学商学院任教之后，他进入了这所学校学习。1951 年他获得了经济学硕士学位，并且进入了纽约金融学院听课。

在 20 世纪 50 年代，巴菲特以投资推销员身份起步，逐步变身为证券分析师，最后成长为投资公司（基金）的“普通合伙人”。从 1970 年以来，他一直是以伯克希尔公司的董事会主席以及首席执行官的身份从事商业交易的。伯克希尔公司成为他实际上的控股公司。巴菲特把它比作一件自己耗费了好几十年创作的艺术品，并称对这家公司的真正价值只有在他去世之后才能客观评估。

早期的成功交易

1952 年 4 月，巴菲特发现格雷厄姆是政府雇员保险公司董事会成员。于是他乘坐火车来到了华盛顿的公司总部。作者罗杰·洛温斯坦在《巴菲特：美国资本家的成长》一书当中这样写道：“尽管当天是星期六，但巴菲特还是说服了门房让他进入。在那里巴菲特见到了洛里默·戴维森，政府雇员保险公司的副总裁。两人就保险业的这个话题讨论了好几个小时。从此之后，两人也成为一生的挚友。”

巴菲特之道第 2 条

怎样选择交易标的

巴菲特曾对《华尔街日报》说道："这就像娶妻成婚，你是为她的眼睛呢？还是为她的人品呢？你娶的是整个人，你不能把她的各方面分离开来。"

巴菲特从哥伦比亚大学毕业的时候，曾想在华尔街工作，但是他的父亲和格雷厄姆都劝他不要这么做。

巴菲特喜欢分享他的知识。他回到了故乡奥马哈市，成了一位股票经纪人，但他同时还在内布拉斯加大学教夜课，向那些年龄普遍大他一倍的学生们教授投资原理课程。巴菲特并不是所有的交易都是一帆风顺的。他曾买下过一家加油站，作为自己的一笔小投资，但是投资结果不是很理想。

1952 年，巴菲特与苏珊·汤普森结婚，第二年他们有了第一个孩子，取名苏珊·艾丽丝。1954 年，他在格雷厄姆的投资公司中获得了一份年薪 12000 美元的工作（大约相当于现在的 10 万美元）。工作中他与沃尔特·施洛斯紧密合作。沃尔特·施洛斯一直严格坚持一个投资标准：只买入安全边际很高的股票，而这个安全边际是指价格和内在价值之间的差异。巴菲特理解他这个标准，但是也质疑他的标准是否太苛刻了，因此导致公司失去了很多好的潜力品种。这些品种安全边际似乎不高，但可能拥有更多的"质性价值"。同一年当中，巴菲特有了第二个孩子，取名霍华德·格雷厄姆。

同时，巴菲特的私人存款已经超过了 100 万美元，于是他开始在奥马哈市创办自己的巴菲特合伙投资企业。

巴菲特至今仍住在他 1951 年以 31500 美元买下的房子里，当时他拥有 3 个投资合伙企业。第二年，巴菲特的第三个孩子彼得·安德鲁也诞生了。原本的 3 家投资公司也扩张到 5 家，而后面一年又增加到 6 家。在其中的一个合伙投资公司当中，有 11 位医生每人投资了 10000 美元，但是巴菲特自己在这家投资公司中只投资了 100 美元。

桑伯恩地图公司是巴菲特成功并购交易当中的早期例子。巴菲特的投资公司在 1958 年以 45 美元一股的价格买下了这家公司，而据他们计算下来，这家公司的真正价值却高达 65 美元一股。到 1961 年，巴菲特披露说，桑伯恩地图公司占到了该投资公司资产的 35%。巴菲特在桑伯恩的董事会当中占得一席。

巴菲特之道第 91 条

交易者应谨防受骗

《沃伦·巴菲特文选》中写道："我们相信，大多数并购对买入方都带来了损害。情况常常正如轻歌剧《女王陛下的宾纳福号舰》（*HMS Pinafore*）中所唱：'实情总是与表面相差太远，牛奶脱了脂还喜欢冒充奶油。'卖方与他们的代理们所玩的最常见花招，就是'打扮'他们的财务预测，这些预测的娱乐价值高于教育价值。"

伯克希尔：砸在手中的垃圾公司被打造成杰作

1962 年，巴菲特真正成为了一个百万富翁：他的多家合伙制投资公司的总资产达到了 710 万美元，根据他的股份比例计算，他的财富超过了百万美元。他把所有这些合伙投资公司合并成为一个，接着投资于一家纺织生产企业——伯克希尔，并进而获得控股地位。这家企业后来成为了巴菲特的控股公司。但是事情实际上并不是像看上去的那样，因为这并不是一笔成功的投资。

对于这笔并购交易，巴菲特从不引以为傲。1962 年，巴菲特开始买入该公司股份，因为他注意到每次伯克希尔关闭旗下一家工厂的时候，股价都会有规律性地波动。他最早的买入价为每股 7.60 美元，到 1965 年，他的买入价已经提高到 14.86 美元一股，而根据巴菲特的计算，公司的流动资本就合到 19 美元一股。

最终，巴菲特承认纺织业已经是夕阳产业了，这家公司的前景也不见得会有任何的好转。他曾有机会出售自己的仓位，但是他因为价格上的争执（11.38 美元一股对 11.5 美元一股）而拒绝出售，进而他获得了整个公司的控制权，并且解雇了公司原有的管理层。他任命了一位新的总裁肯·蔡斯来经营公司。到 1966 年，巴菲特的投资公司不再接纳新的投资资金加盟。同年他首次投资了非上市公司——霍克希尔德库恩公司，这是一家巴尔的摩的百货商店。

巴菲特后来说，自己因为价格上小小的一个分歧成为一家亏损的纺织业公司的大股东，这是他交易生涯当中犯下的最大的一个错误。如果他把后来 45 年当中投资于伯克希尔的资金拿来投资到保险产业的话，他的盈利将会是现在的几百倍。

1967 年，巴菲特向股东们支付了每股 10 美分的分红，这是伯克希尔第一次分红，也是最后一次。从 1970 年起，作为伯克希尔的董事会主席，巴菲特开始撰写现在十分著名的年度报告——《致股东书》，每年一封。在他的《致股东书》中，他总是会写到很多关于投资和交易的经验教训。他的薪水当时是

50000 美元一年，但实际年收入远超这个数字，因为他有大量的外部投资收入。

1979 年，巴菲特抵达又一个里程碑。伯克希尔的股票在当年的开盘价为 775 美元一股，而到了年底则达到 1310 美元一股。巴菲特的净身价达到 6 亿 2000 万美元，这让他第一次跻身福布斯富人排行榜的前 400 名。

巴菲特在 1999 年告诉《商业周刊》说：“伯克希尔是我的一幅作品，所以我必须让它成为我想要的样子。”他还说道：“世界上没有比运营伯克希尔公司更加有趣的事情了。”

20 世纪 70 年代

1972 年，通过他控股的蓝筹印花公司，巴菲特买下了加利福尼亚州的喜氏糖果公司。这家巧克力制作商的营收很具有季节性，他们一半的年销量都来自于 11 月和 12 月这两个月份。历年来，他们的圣诞季销量一直保持增长。巴菲特说，他喜欢的公司必须有一个特征，即它对于“我们产品明年的定价会怎样？”这样一个问题的答案永远是：“提价！”

巴菲特，曾经的一位报童，在 1973 年开始进军媒体公司，买入《华盛顿邮报》公司的股份。他成为了社长凯瑟琳·格雷厄姆的挚友。格雷厄姆控制着整个公司和公司的旗舰报纸，并且是这家公司董事会的成员。

1974 年，联邦证券交易委员以潜在的利益冲突为由针对巴菲特和伯克希尔公司对于韦斯科（Wesco）金融公司的并购交易进行了调查。这是一家小型的储贷公司。最终没有提起任何的指控。

巴菲特之道第 67 条

了解真实价值

1973 年,《华盛顿邮报》公司的市值为 8000 万美元,没有负债。巴菲特经常将它作为绝佳交易对象的例子。“如果你向报业内任何一个人询问这家公司资产的价值,他们都会给出大概 4 亿美元的估价。即使凌晨 2 点在大西洋中央搞个拍卖会拍卖这家报业公司,也会有人出这个价竞买。而且,经营者都是诚实能干的人,他们的个人身家中有一大部分也在这个报业中。因此,它是绝对安全的资产。即使把我全部的身家性命放在里面,我都会高枕无忧,绝对无忧。”

1977 年,巴菲特又买下了另外一家媒体公司——《布法罗晚报》。这也触发了监管层的审查。原因是《布法罗晚报》的竞争对手《布法罗快讯》公司对他们提出了反托拉斯指控。《布法罗快讯》在 1982 年关门歇业之前,两家公司都一直处于亏损状态。伯克希尔接着又投身到了其他的媒体行业当中,但是总体上他们不再进行报纸的投资。直到 2011 年巴菲特才又买下了故乡奥马哈市的《奥马哈世界先驱报》。

1979 年,伯克希尔开始购买 ABC 的股份。首城公司,虽然其规模仅仅是 ABC 公司的 1/4,却在 1985 年出价 35 亿美元希望并购 ABC,让整个投资界惊愕不已。巴菲特为本次并购提供了资金支持,换得了合并后公司 25% 的股份。但是此次并购再次引来监管层干预,因为合并以后的公司违反了联邦通讯委员会关于同一家公司在一地只能有一个电台的规定,首城 /ABC 必须卖掉名下的一些电台。

亢奋的 20 世纪 80 年代

作为给自己购置的一个生日礼物，巴菲特在 1983 年自己 53 岁生日那天买下了内布拉斯加家具商城。这家公司是巴菲特故乡奥马哈的一段传奇，由一位年长的、从来没有接受过正规教育的俄罗斯移民经营着。巴菲特以 5500 万美元的价格买下了这家公司 90% 的股份。这位移民——罗斯 • 布朗金——和她的家族一起，留下来成为了巴菲特的商业合伙人。

1986 年，巴菲特买下了司各特费泽尔公司，这是一个由 22 个制造和营销公司联合组成的多元化企业集团。很多人因为他们公司的柯比家庭清洁系统、韦恩水处理系统以及坎贝尔品牌产品了解了这家公司。

巴菲特的并购交易并不都是一帆风顺的。1987 年，伯克希尔买下了所罗门兄弟公司 12% 的股份，成为了最大的股东，巴菲特也成为董事会的一员。但是在 1990 年，一桩涉及约翰 • 古特弗罗因德（所罗门兄弟公司首席执行官）的丑闻被曝光。一位“无良”交易员的债券竞买量常常高于美国金融法规所规定的上限，而古特弗罗因德了解到此事之后并没有立刻开除这名员工。古特弗罗因德在 1991 年 8 月辞职离开了公司，巴菲特接掌董事会，直到此次风波过去之前一直担任此职。1991 年 9 月，巴菲特被国会召去作证。

他们对可口可乐的投资则波澜不惊。1988 年，巴菲特开始购买可口可乐公司的股份，最终以 10 亿 200 万美元购买了 7% 的股份。这最终成为了伯克希尔盈利最为丰厚的投资之一，也是他们现在还持有的仓位之一。巴菲特可能是可口可乐公司最棒的顾客：2012 年，《时代》周刊报道说巴菲特每天要喝 60 盎司的可乐。

20 世纪 90 年代驶入并购快车道

巴菲特在 1962 年成为了一名百万富翁，而当 1990 年伯克希尔的 A 股开始以 7175 美元一股的价格交易的时候，巴菲特正式成为一个亿万富翁。在 20 世纪 90 年代后期，巴菲特进行了一连串高调的交易。赫尔兹伯格钻石是一家坐落于堪萨斯城的珠宝连锁店，在 1995 年被巴菲特并购。接着在 1996 年，伯克希尔买下了一家服务公司——纽约的航空安全国际公司，这是一家训练飞机与轮船驾驶员和操作人员的公司。

保险企业一直被认为是巴菲特控股资产中的强项。在 1996 年，这一强项更加得到了“补强”，政府雇员保险公司及其附属企业加入到巴菲特的保险控股资产系当中。这家公司的营运总部在马里兰州的切维蔡斯市。政府雇员保险公司以直销保单闻名保险市场，用户可直接向公司提出保险申请。

巴菲特之道第 32 条

交易前要仔细研究

1994 年，巴菲特有言：“要关注独特优势，关注这种独特优势的持久能力。对我而言，最重要的事就是评估一个企业的‘护城河’有多宽。我最爱的，当然是一个坚不可摧的企业，它犹如一个庞大而坚固的城堡，周围有宽广的护城河，河里游弋着鳄鱼和食人鱼。”

1998 年以前，美国的通用航空器类企业的持股结构多以多股东小比例持股为其行业特征，但是在该年度，整个利捷航空公司都被巴菲特的商业帝国收购。同一年，冰雪皇后——一家拥有冰雪皇后、橙皇果饮和卡梅尔爆米花三大企业商标，总共 6000 家分店的公司——被巴菲特收购（巴菲特很喜欢冰雪皇后的帝利冰糕，并且多次有人亲眼看到巴菲特与各种名人出入冰雪皇后门店，其中包括微软的创始人比尔·盖茨）。

巴菲特精通保险公司的投资经营之道，但是他对保险企业的并购交易并不都是完全成功的。他在 1998 年买入了通用再保险公司的股票，并且在 2002 年与保险业巨头美国国际集团（AIG）的莫里斯·格林伯格进行交往，因为通用再保险公司为美国国际集团提供了再保险。三年之后，鉴于纽约州检察长艾略特·斯皮策（Eliot Spitizer）的批评，美国国际集团的董事会迫使格林伯格辞去董事会主席和首席执行官职务。在 2006 年的和解协议当中，美国国际集团支付了 16 亿美元的罚款。2010 年，联邦政府与伯克希尔公司达成和解，公司支付 9200 万美元的罚款，并做出“企业管理让步”，避免在美国国际集团的欺诈案中被起诉。

伯克希尔旗下的保险公司最初主要在美国提供财产以及意外损失的保险与再保险服务。通过 1998 年对于通用再保险公司的并购，巴菲特将自己的控股保险企业延伸到人寿、意外、健康再保险领域，并且开始为外国保险公司提供再保险服务。而伯克希尔的保险公司共有的一个特点就是他们的资金储存都一直保持在一个很高的水准，有别于其他保险公司。

21 世纪第一个 10 年：一言难尽

在 2000 年和 2001 年两年中，巴菲特又上演了一连串快速的并购交易。2000 年，巴菲特买下了本布里奇珠宝店，这是一家西部的珠宝连锁店，现在也成为巴菲特珠宝控股系中的一员；科特商业服务公司，一家提供租赁家具的企业；得克萨斯砖块制造商——顶点建筑品牌产品制造公司；涂料制造厂商——新泽西州的本杰明摩尔公司。2001 年，伯克希尔哈撒韦公司买下了萧氏实业 87% 的股份，这是一家地处佐治亚州的公司，以世界上最大的地毯和强化地板制造商闻名，巴菲特不久之后就买下了剩余的全部股份，并且又并购了三家建筑材料公司，其中有隔热绝缘材料制造商杰斯曼公司，以及迈科特公司 90% 的股份，主要生产一些如桁架这样的建筑结构部件。

2002 年，巴菲特继续以一个比较合理的节奏进行着并购交易：他买下爱尔贝卡，这是一家佐治亚州的公司，专门设计、生产顾客定制的画框、相框。伯克希尔公司还买下了 CTB 国际集团，这是一家印第安纳州的公司，设计、生产、营销各种使用在农业方面的机器设备系统。又以 8 亿 5000 万美元现金的价格买下了鲜果布品，一家内衣生产厂商；以 6000 万美元的价格买下了罗素集团，全美最大的运动衣制造厂商；最后又买下厨具直销商宝厨，它的销售网络共有 65000 个独立营销点。

2003 年，又有两笔大交易。巴菲特买下了克莱顿住房制造公司，这是一家垂直集成预制房生产公司，位于田纳西州的诺克斯维尔市。同年，伯克希尔还从沃尔玛手中买下了麦克莱恩公司。

2006 年 6 月，资产达到了几十亿之后，巴菲特宣布他将会把自己在伯克希尔控股资产中的 85% 以每年赠送股份的方式捐献给 5 个基金会。获赠最多的就是盖茨夫妇基金会。

到了 2007 年，巴菲特的注意力转到了选择自己的继承人上。

他在一封《致股东书》中声称自己正在寻找一位或者几位相对年轻的继承人。巴菲特以前选择的是洛·辛普森，此人在政府雇员保险公司负责投资工作。然而，辛普森只比巴菲特年轻 6 岁而已。

巴菲特之道第 41 条

每一笔交易都应该事先落笔成文，让它经受文字的拷问

“为什么要干这个？为什么要做这项投资？把答案写下来，写到纸上。如果你的答案无法真正用文字在纸上写下来，说明你必须就此问题做进一步更认真的思考。如果对为什么要做这笔交易你写不出清晰明了、能落笔成文的答案，你就必须停止这笔交易。”

大衰退时期的巴菲特

世间如果有点金石，那一定就在巴菲特的手中。但即使是他，在 20 世纪第一个十年后期的经济大衰退中也难免尴尬。

在 2007 年至 2008 年的次贷危机中，巴菲特被批评说他投入资金过早，最终导致“次优交易”。伯克希尔在 2008 年第三季度的盈利下降了 77%，并且，在分析师们看来，他后来的几笔交易也可能遭受重大市价损失。

作为世界上最有钱的人之一，巴菲特在应对债务与资本市场危机当中扮演了十分重要的角色。伯克希尔买下了高盛 10% 的优先股份。据路透社的消息说，当巴菲特的认沽期权面临 67.3 亿美元的市价损失时，联邦证券交易委员会要求巴菲特的企业就期权合约估价过程中所涉因数提供更为全面的信息披露。

巴菲特还帮助陶氏化学品公司支付 188 亿美元，受让罗门哈斯公司。为此兼并，伯克希尔提供了 30 亿美元融资款，成为了这个兼并后企业集团的最大股东。

尽管遭遇了经济大衰退，但是巴菲特还是在 2008 年成为了世界上最有钱的人，根据福布斯的计算，他的净身价达到了 620 亿美元，超过了比尔·盖茨，而此前盖茨已经在福布斯排行榜上面领跑了整整 13 年。（《福布斯》的统计表明，盖茨在 2009 年又重新回到了榜首，因为巴菲特的净身价下降了 250 亿美元。）

并购还在继续。在一笔引人注目的交易中，巴菲特买下了通用电气的优先股。

巴菲特从来不缺怀疑者，特别是在 21 世纪第一个十年当中。一些人质疑为什么伯克希尔公司依旧大量持有可口可乐的股份，而这家公司的股票市值早在 1998 年就已经达到顶峰。

巴菲特对此怀疑在 2004 年的《致股东书》做了回答，他坦陈卖出时机掌握之难：“当某些人通过永远干净的后视镜看过去的时候，这事情看上去总是很简单的。但是不幸的是，投资者是通过挡风玻璃向前看的，而且这块玻璃还总是模糊不清的。”

2009 年的 3 月，巴菲特也开始忧虑了。他对 MSN.com 的一位记者表示：经济“已经跌下悬崖了……不仅经济严重减缓，人们也的确在开始以一种我从来没有看到过的方式改变着自己的生活习惯”。

但是交易还是在继续进行。2009 年，巴菲特投资了 26 亿美元参与瑞士再保险公司的增资扩股，接着，巴菲特又做出了自己有史以来最大的一次投资，他以 340 亿美元的价格买下了伯灵顿北方圣特菲铁路公司 78% 的股份，而在此之前他并没有直接或间接持有这家公司的股权。伯灵顿北方圣特菲公司是全美第二大铁路公司，这家公司的能源消耗经济效率很高，每列火车平均拖载整整 280 节车厢，巴菲特的这一举动被看作是对于经济复苏的一次豪赌。一位著名的分析家把这一行为看作是伯克希尔公司从以金融业为主转向多元化的一次战略转移。

2009 年 6 月，伯克希尔因其市值（Market capitalization）被《金融时报》评为全球第十八大公司。在这一年中，巴菲特卖出了此前买入的康菲石油公司股份，他向投资者坦陈，自己的这笔投资是一个大败笔。他告诉伯克希尔公司的股东们说，在原油和汽油价格的最高价附近他买下了这家石油公司大量的股份。

“我根本没有预期到能源价格会在过去的半年当中有这样大的跌幅，”巴菲特说道，“现在我依旧相信原油价格很有可能在未来的几年中出现上涨，远高于现在 40 ~ 50 美元的价格区间。但是就算原油价格真的涨了，我当时的购买时机的选择确实太糟糕了，给伯克希尔公司带来了几十亿美元的损失。”

2010 年及以后

2010 年 6 月，这位“奥马哈的先知”（没有一本关于巴菲特的书会遗漏这个雅号，似乎不“呼告一下这个圣名”就不完整、不正宗）为资信评价机构在美国金融危机当中所扮演的角色做出辩护：“很少有人真正注意到泡沫。而这就是泡沫的天然本质——它们就是大众幻觉。”

2011 年 3 月，高盛收到了来自联邦储备银行的同意批复，买回了伯克希尔所持的高盛优先股股份。巴菲特当然极其不愿意出售这些每天可以带来140万美元红利的金矿。

巴菲特之道第71条

要找符合你的原则的人

“我说过，我们总是在寻找符合我们原则的人与我们共事、交往，而不是让原则因人而变，”巴菲特曾经反思道，“不过我发现这并不是容易践行的一个原则。”

2011年，巴菲特又震惊了整个投资界，他悄无声息地买下了国际商用机器6400万的股份，价值110亿美元，占到了整个公司总股本的5.5%。而在此前，巴菲特曾一再重申自己不会投资于技术行业，因为自己对这个行业一窍不通，并且巴菲特还曾多次拒绝了比尔·盖茨的好意，盖茨曾经提出派遣一位微软雇员，来手把手教巴菲特如何更好地使用自己的电脑。

也是在2011年，巴菲特买下了路博润公司，这是一个机油以及添加剂制造公司，价值97亿美元。被巴菲特特别看好的接班人——大卫·索科尔，却在后来被曝光在向巴菲特介绍收购这家公司之前刚刚私人购买了这家公司的股份，索科尔在之后不久就辞职走人了。

巴菲特在2012年年初声称已经选定了一位接班人，但是他拒绝透露此人究竟是谁。他还透露说他患有前列腺癌，但是他认为自己可以完全康复。这位81岁爱开玩笑的老头在年度股东大会说，他不会死于前列腺癌，相比而言，更有可能被某个嫉妒的丈夫杀死。

在本书撰写的尾声阶段，巴菲特依旧没有显示出任何减缓交易步伐的趋势。他的每一笔新的并购或者偶然的卖出都会引起世人的关注，激发讨论，人们试图从他最近的交易和投资当中寻找种种蛛丝马迹，发现他可能的风格变化。

附录D

延伸阅读推荐

1．Melanie Bilings-Yun：*Beyond Dealmaking：Five Steps to Negotiating Profitable Relationships*（《超越交易：建立高盈利关系的五步谈判法》）（出版社与出版年份：San Francisco：Jossey-Bass，2010）

本书列举了正反两方面的大量谈判实例，意在阐述公平、诚实、同情心、灵活性以及协力解决问题过程中形成的合作精神如何带来可持续的成功。20多年来，作者比林斯云博士一直助力跨国企业、非政府组织和公共机构的谈判工作。本书并未讨论全球最伟大的交易达人沃伦·巴菲特的谈判策略。

2．James Pickens：*The Art of Closing Any Deal*（《达成交易的艺术》）（出版社与出版年份：New York：Business Plus，2003）

本书不妨更为精确地取名为《如何"无节操"地撒谎、操控及要弄心理诡计来实现成功销售》。这是一本"无底线"指南，教你如何实现自己的目的——不限于销售目的，而是任何目的。作者竭尽翔实之能事，"知无不言"，非常坦诚，只为教你玩心理控制，卖出了100万册以上。本书所举实例不多，但有大量的假设性例子。沃伦·巴菲特的交易哲学思想本书未有涉及，尽管巴菲特身处70个不同的商业领域。

3．Lawrence Cunningham：*The Essays of Warren Buffett：Lessons for Corporate America*（《沃伦·巴菲特文选：给美国企业家们的忠告》）（出版社与出版年份：Carolina Academic Press，2001）

沃伦·巴菲特代表伯克希尔公司所写的《致股东书》的资

深读者们可以从本书中获得宝贵的信息，了解巴菲特的企业经营方式。这些文章文字简朴，但是确实是巴菲特经营实践中体现出来的基本原理的升华。本书并不围绕某个中心主题——如交易艺术——来编选。

4．Alice Schroeder：*The Snowball: Warren Buffett and the Business of Life*（《雪球：沃伦·巴菲特和生命的经营》，国内已有中译本出版，译名为《滚雪球：巴菲特与他的财富人生》）（出版社与出版年份 New York：Bantam Books，2009）

本书曾是《纽约时报》畅销书榜上的第一名。它是对巴菲特生活与思想最全面的呈现，其广度别的书籍恐都难以企及。作者此前曾对巴菲特采访过 5 年时间，本书内容覆盖巴菲特生活的各个方面。但本书并不围绕任何专门话题，对交易的达成之道并无专门章节。

5．Mary Buffett and David Clark：*The Tao of Warren Buffett*（《沃伦·巴菲特之道》）（出版社与出版年份：New York: Scribner，2006）

就像中国古代哲学家老子的文字一样，巴菲特的世俗之“道”看似非常简单，应用起来却是威力无穷。本书引述、分析了巴菲特许多深刻而机智、让人过耳不忘的“语录”，正是它们所揭示的生活哲学与投资策略造就了巴菲特，让他、让伯克希尔公司的所有股东都变得那么富裕。本书涵盖面很广，并不聚焦于沃伦·巴菲特的交易之道。

6．Robert G. Hagstrom：*The Warren Buffett Way*（《沃伦·巴菲特之路》）（出版社与出版年份：Hoboken，NJ：John Wiley & Sons，2005）

本书初版于1994年，迄今为止卖出了120万册。尽管它主要讨论投资之道，但对企业并购与金钱心理也有精彩讨论。本书没有讨论交易之道。

7．Simon Reynolds：*Thoughts of Chairman Buffett*（《巴主席思想》）（出版社与出版年份：New York：Harper-Collins，1998）

本书是一本“语录”合集。沃伦·巴菲特本人没有参与，也没有给予本书官方认可。本书虽小，但收集的都是精髓。本书并没有就某个话题——如交易之道——集结巴菲特的忠告。

8. Janet Lowe：*Warren Buffett Speaks*（《巴菲特如是说》）（出版社与出版年份：Hoboken，NJ：John Wiley & Sons，2007）

这是第2版，补充了第1版出版后的10年中巴菲特的相关信息。本书收集了巴菲特的语录、文字和喜欢说的话，以反映这位全球最成功的投资者的思想。沃伦·巴菲特与他的好朋友比尔·盖茨一起协助了本书的撰写。这些“语录”编选得非常严谨，但是并没有专门章节讨论交易的达成过程。

9．Mary Buffett and David Clark：*Warren Buffett's Management Secrets*（《沃伦·巴菲特的管理秘诀》）（出版社与出版年份：New York：Simon & Schuster，2009）

本书是对巴菲特个人与企业管理思想的深度探究。作者之一，玛丽·巴菲特（Mary Buffett）是巴菲特的前儿媳，与巴菲特的儿子彼得·巴菲特经历了 12 年共同的婚姻生活，因此对巴菲特思想有深入的了解。本书主要聚焦的话题有：选择去什么样的企业就业？领导者如何放权？如何激励员工？如何解决管理困难？本书并没有讨论交易艺术。

How to Close a Deal Like Warren Buffett: Lessons from the World's Greatest Dealmaker

978-0-07-180165-2

北京市版权局著作权合同登记号：01-2013-8243